china

Cocina Día a Día

EQUIPO

Hay poco equipo absolutamente esencial para preparar y cocinar alimentos chinos y tai. Sin embargo, algunos utensilios harán que la tarea sea más fácil obteniendo resultados más auténticos.

ARROCERA ELÉCTRICA Ya que muchos platillos se acompañan con arroz, las cocinas más modernas de China y Tailandia tienen una arrocera eléctrica. Es la forma más fácil de cocinar el arroz a la perfección sin tanto cuidado.

COLADOR DE BAMBÚ Éste es un colador ancho y plano de metal con mango de bambú. Ayuda a retirar los alimentos cocidos del aceite o agua caliente con mayor facilidad. Por supuesto, también se puede usar una cuchara ordinaria de metal con ranuras.

CUCHILLOS DE CARNICERO se usan para partir, picar, deshebrar, hacer filetes, partir en cubos y machacar. Debido a la variedad de usos, los cocineros tai y chinos no necesitan de otros tipos sino que tienen varias cuchillas de diferentes pesos (ligeros, medianos y pesados). Los mejores están hechos de acero carbono templado de manera que la cuchilla pueda mantenerse bien afilada, aunque una cuchilla de acero inoxidable de buena calidad se oxidará menos.

ESPÁTULA Una espátula de mango largo con punta de pala para los alimentos salteados, es relativamente barata aunque, si lo prefiere, puede usar una cuchara de madera con mango largo.

PALITOS CHINOS Por lo general en China se come con palillos chinos, mientras que en Tailandia casi nunca se usan, sino que se usa una cuchara y un tenedor. Los palillos de madera son baratos, pero los de plásticos son más higiénicos y pueden usarse en varias ocasiones.

VAPORERAS Se puede usar una vaporera de acero inoxidable con pequeñas perforaciones redondas, colocándola sobre un cazo; o comprar una vaporera hecha de bambú. Necesitará tener uno o más recipientes además de una tapa que ajuste al tamaño. Se recomienda lavar la vaporera de bambú antes de usarla por primera vez y calentarla al vapor mientras está vacía durante unos minutos.

WOK Quizás éste es el instrumento más útil y versátil para frituras ligeras y profundas y para cocción al vapor. El wok tradicional es profundo, con bordes curvos y una base redonda para asegurar un cocimiento rápido y parejo. Al freír, se pueden mover los alimentos sin que las piezas se caigan por los bordes y su forma redonda ayuda a que se necesite mucho menos aceite que en las sartenes convencionales. Sin embargo, debido a su forma, es únicamente adecuado para usar sobre quemadores de gas. Si su estufa es eléctrica, deberá usar un wok con base más plana que se ha diseñado

específicamente para este tipo de quemadores. Hay dos tipos básicos de wok: la versión cantonesa que tiene mangos pequeños en ambos lados, los cuales pueden ser de madera o metal y el wok pekinés o pau que tiene un mango largo. Al elegir un wok, asegúrese de que sea lo suficientemente grande para cubrir sus necesidades; la mayoría miden de 30.5–35 cm/12–14 in de diámetro pero algunos son muchos más pequeños. Incluso cuando cocine para una o dos personas, es preferible usar un wok grande. Elija un wok pesado, pero recuerde que tendrá que levantarlo cuando esté lleno de comida. Los de acero carbono pueden usarse a temperaturas muy altas sin quemar los alimentos. Actualmente se puede encontrar algunos antiadherentes, lo que significa que podrá disminuir la cantidad de grasa en muchas recetas. Los woks antiadherentes también son útiles al agregar ingredientes que contienen un alto nivel de ácidos como en el caso del vinagre.

Los accesorios del wok incluyen tapas abovedadas, rejillas y marcos de metal. Las tapas abovedadas por lo general están hechas de aluminio ligero y son esenciales para cocinar al vapor y mantener los alimentos calientes. Una rejilla de metal puede colocarse fácilmente sobre la orilla del wok, la cual permite drenar o reservar los alimentos. También necesitará una base para el wok, que es un marco de metal que detiene el wok lo suficientemente lejos del calor. Por su seguridad, revise que esté bien colocado antes de poner su wok sobre él y empezar a cocinar.

Antes de usarlos, todos los woks, a excepción de los antiadherentes, deben curarse. Primero lávelo bien con agua jabonosa muy caliente. Esto retirará la capa protectora de aceite aplicada por el fabricante para evitar que se rallen al empacarlos o se dañen durante el transporte. Vierta 1 cucharada de aceite de maní o maíz en el wok y frótelo por dentro con papel absorbente de cocina. Caliente ligeramente el wok durante 5 minutos y limpie. Si la toalla de papel absorbente sale negra, debe repetir el proceso. Con el tiempo, su wok se oscurecerá; es normal y no debe tratar de limpiarlo. Siempre asegúrese de secarlo totalmente antes de guardarlo para que no se oxide.

TÉCNICAS DE COCINA

FRITURA PROFUNDA Al hacer fritura profunda en un wok, vierta suficiente aceite para llenarlo más de la mitad. Caliente suavemente hasta lograr la temperatura necesaria, de preferencia usando un termómetro de cocina. O, si lo desea, puede checar la temperatura poniendo un cubo pequeño de pan; rápidamente se deberán formar burbujas sobre toda la superficie. Con cuidado, agregue los alimentos al aceite con pinzas o una cuchara perforada y mueva de vez en cuando mientras se cocinan, para mantener las piezas separadas. Es mucho mejor cocinar en tandas que agregar todos los alimentos de golpe, pues se arriesga a que el aceite burbujee demasiado y la temperatura baje, haciendo que el exterior se remoje. Retire los alimentos una vez cocidos y escurra sobre toallas de papel para retirar el exceso de aceite, antes de servir. Siempre cerciórese de que el wok esté seguro antes de empezar a cocinar y nunca lo descuide. Una freidora para fritura profunda es un utensilio costoso pero útil si hace este tipo de alimentos con regularidad; verá que usarlo es más seguro y fácil que un wok.

COCCIÓN AL VAPOR Es un método suave y húmedo de cocimiento, especialmente para alimentos delicados como el pescado. Se basa en la circulación de calor alrededor de los alimentos, por lo que debe asegurarse de dejar un poco de espacio entre cada uno a la hora de agregarlos. Una vez acomodados, coloque la vaporera sobre agua hirviendo en un wok o cazo. Para evitar que se pegue la comida a la vaporera, puede forrarla al inicio con un trozo de manta de cielo. Si desea, agregue al agua unas rebanadas de jengibre fresco y una hoja de laurel. Esto no solo da un sabor suave a los alimentos, sino también un aroma delicioso a la cocina disfrazando aquellos olores menos agradables, en especial si está cocinando pescado. Cocine al vapor el tiempo recomendado y revise el nivel del agua en la sartén o wok de vez en cuando, cubriendo con más agua hirviendo si fuera necesario. Si no tiene una vaporera puede usar un wok. Coloque una rejilla dentro de éste y vierta suficiente agua hirviendo hasta topar el nivel de la rejilla. Coloque los alimentos que desee cocer al vapor sobre un plato térmico y colóquelo sobre la rejilla. Tape y cocine al vapor.

FRITURA O SALTEADO Esta técnica rápida de cocina retiene el sabor fresco, color y consistencia de los alimentos. Es esencial tener todos los ingredientes preparados antes de empezar a cocinar. Caliente el wok durante un minuto sobre calor alto, agregue el aceite y mueva para cubrir la base y la mitad de los lados. Continúe hasta que esté caliente pero no humee, así al agregar los alimentos empezarán a cocerse de inmediato. Agregue los ingredientes, uno por uno, moviendo y mezclando continuamente. Los condimentos como el ajo y el jengibre, por lo general se agregan al inicio, seguidos por los ingredientes principales que deben cocerse durante más tiempo como es el caso de la carne, y por último aquellos que necesitan poca cocción o tienen que calentarse ligeramente. Los líquidos y salsas por lo general se agregan casi al final de la cocción y se hierven durante uno o dos minutos.

MEZCLA DE ESPECIAS Y SAZONADORES Aunque éstas se pueden comprar, si usted hace sus propias mezclas de sazonadores, sus platillos terminados seguramente tendrán un sabor fresco. Condimente a su gusto.

ALBAHACA CRUJIENTE Ésta es una guarnición muy atractiva si se espolvorea sobre los platillos sazonados. Use albahaca morada (tai) si la encuentra, aunque la albahaca dulce de Italia también funciona. Tome 25 g/1 oz de hojas de albahaca fresca y 1 chile sin semillas y rebane finamente. Caliente 3 cucharadas de aceite de maní en un wok hasta que esté muy caliente, agregue la albahaca y el chile y fría durante 1 ó 2 minutos o hasta que estén crujientes. Retire con una cuchara perforada y escurra sobre toallas de papel.

ALGA MARINA CRUJIENTE A menudo se usa como guarnición de los platillos chinos y se hace exactamente de la misma forma. Pique finamente un trozo de col verde oscuro, el Savoy es ideal, y fría profundamente en aceite de maní a 180ºC/350ºF durante 1 minuto, hasta que esté crujiente. Espolvoree con un poco de sal molida y coloque sobre el plato o sirva por separado.

LECHE DE COCO FRESCA Tome un coco fresco, presione con un pincho grande en los tres hoyos que tiene arriba y escurra el líquido. Ponga el coco en una bolsa de plástico grueso y golpee con un martillo para romperlo. Retire la cáscara exterior de las piezas de carne de coco con un cuchillo filoso, después pele la cáscara delgada de color café. Ralle la pulpa, coloque en un procesador de alimentos y muela hasta que esté muy fina. Vierta 300 ml/½ pt de agua hirviendo, mezcle ligeramente y deje reposar 15 minutos. Cuele la mezcla a través de un colador cubierto con manta de cielo. Al escurrir, tome las puntas de la manta de cielo y exprima las últimas gotas de líquido. Repita el proceso con el coco y otros 300 ml/½ pt de agua hirviendo y agregue a la primera tanda de leche de coco. Almacene dentro del refrigerador hasta por 48 horas, pero no lo congele. Saldrá una crema sólida y espesa sobre la superficie, por lo que debe mezclarla bien antes de usarla.

También puede hacer leche de coco con coco seco. Agregue 350 ml/ 12 oz en un cazo con 300 ml/½ pt de agua y hierva a fuego lento de 3 a 4 minutos. Mezcle ligeramente en un procesador de alimentos y hágalo de la misma forma que la leche de coco fresco, agregando otra ración de agua hirviendo al coco seco que ha exprimido.

PASTA DE CURRY VERDE Pique toscamente 6 cebollitas de cambray, 1 tallo de hierba-limón, 2 dientes de ajo sin piel, 8 chiles verdes frescos (retire las semillas si desea una pasta más suave), 2.5 cm/1 in de raíz de jengibre fresco y 25 g/1 oz de hojas de cilantro fresco, con tallos y raíces. Retire y deseche la vena central de 2 hojas de lima kaffir y pique finamente. Coloque todos los ingredientes en un procesador de alimentos con 2 cucharadas de aceite de maní y una pizca de sal. Mezcle hasta formar una pasta y pase a un frasco. Almacene hasta por tres semanas en el refrigerador.

PASTA DE CURRY ROJO Retire las semillas de 8 chiles rojos frescos y pique toscamente. Coloque en un procesador de alimentos con 2.5 cm/ 1 in de jengibre fresco, 2 chalotes sin piel, 1 tallo de hierba-limón y 4 dientes de ajo, todo picado toscamente. Agregue 2 cucharaditas de semillas de cilantro, 1 cucharadita de semillas de comino y 1 cucharadita de paprika picante, una pizca de cúrcuma y sal, 1 cucharada de jugo de limón sin semilla y 2 cucharadas de aceite de maní. Mezcle hasta formar una pasta, pase a un tarro y almacene hasta por dos o tres semanas en el refrigerador.

TRADICIONES Y COSTUMBRES

La comida tai y china se han hecho muy populares en el país durante los últimos años. Hay muchas similitudes entre estas dos cocinas, pero su historia, clima y cultura han creado diferencias sutiles entre ellas.

COCINA CHINA

Aunque China es un país grande, los principios de su cocina son similares en todo el país. Los métodos económicos para ahorrar combustible al cocinar se han desarrollado a través de los años, como es el caso de la fritura rápida en donde los alimentos se cortan en trozos pequeños y uniformes para que se cocinen en muy poco tiempo; cocinando al vapor en donde se apilan recipientes uno sobre otro; hirviendo a fuego lento en una olla grande para usar toda la flama. En la cocina china se desechan pocas cosas y la mayoría de las delicias más grandes se han creado de restos que en el mundo occidental simplemente se hubieran ido a la basura.

La cocina china se divide principalmente en cuatro regiones culinarias:

Cantonesa o del Sur, Pekinesa o del Norte, China del Norte y Shanghai o del este. La cocina pekinesa es famosa por sus mariscos, puerco y platillos agridulces, así como ingredientes poco comunes como el nido de pájaro y la aleta de tiburón. En chino la palabra fan significa arroz y comida, esto se debe a que el arroz acompaña a casi todas las comidas en el sur. El arroz de grano largo se usa casi siempre, aunque el arroz jazmín tai se sirve en ocasiones especiales, así como el arroz pegajoso o glutinoso que también se usa en postres.

La cocina pekinesa o del norte se asocia con un estilo refinado de cocina, ya que muchos platillos clásicos han surgido de la cocina Imperial. Se usa mucho el cordero, ajo, cebollitas de cambray y poros. Los alimentos tienden a ser agridulces, pero con mucho más énfasis en lo agrio que en lo dulce. El norte de China es un área donde se cultiva más trigo que arroz y los fideos de trigo son populares.

En Shangai o China se cultivan muchas verduras y arroz y es ahí donde se hace el vinagre y vino de arroz. Muchos platillos de esta región tienen sabor dulce pues comúnmente se usa azúcar como sazonador. La cocina Szechuan o del oeste lleva mucho picante y especias, usándose chile y pimienta Sichuan prácticamente en todos los platillos.

LA COMIDA CHINA

En China, se sirven todos los platillos simultáneamente y no a diferentes tiempos. Los chinos rara vez comen solos ya que gozan compartiendo los alimentos, cenando en familia o con un grupo de amigos. Sirven arroz en platos individuales, cubriéndolo con una porción de la carne o verdura del platillo central. Una vez terminado, cada persona se sirve de otro platillo con ayuda de los palillos chinos (que nunca deberán tocar los labios).

Dan a muchos de sus platillos nombres descriptivos y románticos, como el Puerco de Cinco Flores para designar la sección ventral del cerdo, nombrada así porque consta de cinco capas: piel, grasa, lomo, grasa y lomo. Hay ciertos números que se consideran como cabalísticos, por lo que a menudo se da a los platillos nombres con números, como los Ocho Tesoros, ¡aunque no lleva ocho ingredientes! Fénix y dragón son términos que algunas veces se usan para camarones y pollo.

En Szechuan se preparan los chiles haciendo una pasta fermentada con ejotes y aceite de ajonjolí que se usan en diferentes combinaciones para elaborar platillos con nombres evocativos; entre ellos: "Sabor Extraño" (Guai Wei), "Sabor Familiar" (Jiachanh Wei) y "Sabor a Pimienta" (Xiangla Wei). Por lo general los alimentos no se acompañan con bebidas, sino con un tazón de sopa para pasar la comida cuando sea necesario. Al final, se puede servir té. Durante más de 3000 años se ha cultivado en China una amplia variedad de tés que pueden dividirse en tres variedades principales: té verde, té oolong, y té negro. El té verde no es fermentado y es una bebida clara y aromática que no contiene leche ni azúcar. Existen diferentes variedades de té verde, entre los cuales se encuentra "la pólvora", llamado así por los ingleses debido a que el té parecía bala de acero, y el té Jazmín, a base de pétalos secos de jazmín. El té Oolong es semi-fermentado, tiene un sabor fuerte aunque no tanto como el té negro, que es totalmente fermentado y tiene un rastro de dulzura. El té negro incluye el Keemum (que tiene un sabor delicado a nuez) y el Lapsang Souchong.

Aunque a los chinos les encanta la comida dulce, los budines y tés; estos no se sirven al final de las comidas, como en el mundo occidental, sino que se toman en banquetes formales como parte de la comida.

CELEBRACIONES

Probablemente, el año nuevo chino sea la celebración más conocida y es el momento de reunión y dar gracias. Es una ceremonia religiosa en honor al Cielo y la Tierra, los dioses del hogar y los antepasados familiares. El líder de cada familia ofrece incienso, flores, comida y vino para asegurar buena fortuna en el año venidero. En la noche del año nuevo se lleva a cabo un banquete llamado weilu que significa "alrededor de la estufa", celebra tanto a las generaciones presentes como a las pasadas. Cada platillo que se sirve lleva un nombre, que simboliza honor, salud o riqueza. Por ejemplo, una sopa puede llamarse Consomé de la Prosperidad y las tiras de vermicelli "hilos plateados de longevidad".

Después de la fiesta, los padres dan a sus hijos pequeños sobres rojos que contienen dinero "de la suerte". En los días siguientes, los amigos y parientes llegan de visita y se deben preparar más alimentos. Se ofrecen botanas y dulces antes del plato principal como semillas de granada, raíz de loto dulce y almendras, todas ellas representando la fertilidad y la vida larga.

Lo básico de muchas celebraciones chinas es el principio del balance y la armonía. El inicio de cada estación es importante, así como los principios budistas y taoístas del yin y yang (mujer y hombre). Los ingredientes se mezclan y combinan de la misma forma; por ejemplo: los dulces y agrios, picantes y amargos. En los cumpleaños, por lo general se sirven fideos que representan una vida larga. Para tener suerte, siempre se deben comer enteros y no cortarse en trozos. Los Dim Sum, que significa "el gozo del corazón", son muy populares entre las botanas chinas. Estos saquitos están rellenos de verduras o carne con especias y a menudo se fríen o cocinan al vapor. Tradicionalmente se comen con té en el desayuno o comida; o se venden en la calle para tomarse entre las comidas. Tienen un papel importante durante la mayoría de las fiestas, incluyendo el año nuevo chino, cuando se comen en vez de los alimentos normales.

COCINA TAILANDESA

L a comida tai ha sido influenciada por muchos países, India, Burma y en especial China. Sin embargo, los tailandeses se han refinado hasta lograr una cocina propia y única, que se caracteriza por los sabores contrastantes de las hojas fuertes de limón y hierba-limón, chiles picantes, jengibre y galangal junto con el tamarindo, que a menudo se mezclan y suavizan con leche cremosa de coco. La cocina tai es parecida a la china debido a que el arroz es un alimento básico (las palabras Tailandesas usadas al invitar amigos significan "vengan a comer arroz con nosotros"), además de muchos vegetales frescos y porciones pequeñas de carne. Los productos lácteos se usan muy poco y, debido a razones climáticas así como religiosas, las carnes rojas como la res aparecen en pocos platillos.

Al igual que en la cocina china, los alimentos tienen un balance suave de dulce, amargo y salado. El pescado siempre ha sido importante en la dieta tai ya que todo el país es dividido por ríos y cuenta con grandes litorales en donde abunda el pescado de agua dulce y los crustáceos. Los campos de arroz inundados albergan patos, ranas, anguilas y peces. Gran parte de ellos se secan, salan y convierten en salsas y pastas fermentadas, que agregan un sabor distintivo a muchos platillos. La tierra de Tailandia es extremadamente fértil y su clima es tropical, cuenta con planicies centrales más frescas donde se puede encontrar en abundancia diferentes ingredientes. Los tailandeses producen algunos de los platillos más delicados del mundo y es el único país de Asia que exporta más comida de la que importa.

Los tailandeses son apasionados por la comida. La compra de alimentos es una habilidad tan importante como su preparación. Los mercados al aire libre son un tipo de vida; todo llega fresco en la mañana y para media tarde prácticamente todo se ha vendido.

LA COMIDA TAI

Una comida tai significa compartir. Por lo general consiste de varios platillos diferentes, además de un gran tazón de arroz. Algunas veces hay alguna sopa o curry, algunos fideos y fruta fresca como rambutans, mangosteens y durians. Todos estos platillos se llevan a la mesa al mismo tiempo, para que todos tengan la oportunidad de servirse un poco de cada uno. Al igual que en China, una gran pila de arroz en platos individuales se cubrirá con una o dos porciones de los platillos centrales. Cuando se termina, se presentan otros platillos.

Los alimentos se comen con cuchara o tenedor o con los dedos, aunque los fideos se comen con palillos de madera. No se necesita cuchillo ya que todos los alimentos se han cortado antes de cocinarlos. Los postres únicamente se sirven en ocasiones especiales y, por lo general, una comida se terminará con un poco de fruta.

En las recetas de este libro y cuando coma en los restaurantes tai, puede encontrar estos términos:

GAENG Es un curry bastante picoso que incluye Curry Rojo Gaeng Ped y Gaeng Phanaeng, que es un curry seco que tiene una salsa más espesa y suave.

GAENG CHUD Significa sopa y una de las más conocidas es la Tom Yan Kung, hecha con camarones. Otra sopa popular es Tom Khaa Gai, que está hecha de pollo, galangal y leche de coco.

KHANOM Es un platillo endulzado, aunque puede ser un alimento sazonado y a menudo contiene pequeños ingredientes individuales cubiertos por hojas de plátano.

MEE OR SEN Son fideos que pueden estar hechos de arroz, trigo o frijol mongo. Kuiteow son largos fideos frescos que por lo general se fríen con verduras. Mee Krob son fideos de trigo que se fríen profundamente, se cubren con miel de azúcar y sirven como sazonador.

CELEBRACIONES

Las fechas más importantes de Tailandia se basan en elementos religiosos; antes de tomar la costumbre del domingo europeo, los días laborales se dividían por los días santos. El 6 de Abril es el día del Chakri en el que se celebra la fundación de la dinastía actual y se llevan flores al templo del Buda Esmeralda. El Cumpleaños del Rey, el Aniversario de su Coronación y el Cumpleaños de la Reina son días festivos en el país y se celebran con desfiles y fuegos artificiales. Los banquetes elaborados juegan un papel muy importante en dichas celebraciones poniendo mucho esmero en su presentación, adornando los alimentos de forma espectacular con frutas y verduras talladas. Los dos eventos más importantes en cualquier vida tai son cuando un hijo se convierte en monje durante cierta temporada (como la mayoría de los hombres tai lo hace) y las bodas, que aún son vistas como la unión de dos familias, más que de dos personas. En las bodas se sirve el dulce tai Look Choi, que alguna vez comieron los reyes de Tailandia. Está hecho de pasta de frijol de soya mezclado con azúcar y jugo de coco al que se le da forma de pequeñas frutas y verduras. La importancia de la familia se puede ver en el enfoque que se le da a los alimentos, ya sea una comida sencilla en casa o en un restaurante elegante.

Sopa Clara de Pollo y Hongos

1 Retire la piel y la grasa de los cuadriles de pollo. Corte cada uno a la mitad para separar 2 muslos y 2 piernas, reserve. Caliente los aceites de maní y ajonjolí en una olla grande. Agregue la cebolla rebanada y cocine ligeramente durante 10 minutos, o hasta que esté suave pero no se dore.

2 Agregue el jengibre picado a la olla y cocine 30 segundos, moviendo continuamente para evitar que se pegue, incorpore el consomé. Agregue las piezas de pollo y hierba-limón, tape y hierva a fuego lento 15 minutos. Incorpore el arroz y cocine otros 15 minutos más o hasta que el pollo esté cocido.

3 Retire el pollo de la olla y deje enfriar lo suficiente para poder manejarlo. Desmenuce finamente, vuelva a colocar en la olla con los champiñones, cebollitas de cambray, salsa de soya y jerez. Hierva a fuego lento 5 minutos o hasta que el arroz y los champiñones estén suaves. Retire el hierba-limón.

4 Sazone la sopa al gusto con sal y pimienta. Vierta en tazones calientes, asegurándose de repartir equitativamente el pollo desmenuzado y vegetales. Sirva de inmediato.

INGREDIENTES
Rinde 4 porciones

2 cuadriles grandes de pollo, aproximadamente 450 g / 1 lb en total

1 cucharada de aceite de maní

1 cucharadita de aceite de ajonjolí

1 cebolla, sin piel y finamente rebanada

2.5 cm / 1 in de jengibre en trozo, sin piel y finamente picado

1.1 1/2 pts de consomé claro de pollo

1 tallo de hierba-limón, golpeado

50 g / 2 oz de arroz de grano largo

75 g / 3 oz de champiñones, lavados y finamente rebanados

4 cebollitas de cambray, limpias, cortadas en trozos de 5 cm / 2 in, ralladas

1 cucharada de salsa de soya oscura

4 cucharadas de jerez seco

sal y pimienta negra recién molida

Dato Culinario

Tahini es una pasta espesa hecha de semillas de ajonjolí. Se puede encontrar en muchas delicatessen o supermercados, así como en tiendas de alimentos orientales. Por lo general se usa para hacer humus.

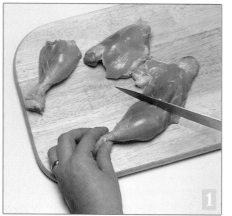

Puerco Moo Shi

1 Corte la carne de puerco contra la veta en rebanadas de 1 cm/½ in, y rebane en tiras. Coloque en un tazón con el vino de arroz chino o jerez, salsa de soya y fécula de maíz. Mezcle y reserve. Retire las puntas duras de las agujas doradas, corte a la mitad y reserve.

2 Caliente un wok o sartén de freír, agregue 1 cucharada del aceite de maní y, cuando esté caliente, agregue el huevo ligeramente batido y cocine 1 minuto, moviendo continuamente, hasta cocer. Retire y reserve. Limpie el wok con toallas de papel.

3 Vuelva a poner el wok en la estufa, agregue el aceite restante y cuando esté caliente agregue las tiras de puerco, escurriendo la marinada lo más posible. Saltee 30 segundos, agregue el jengibre, cebollitas de cambray, tallos de bambú e incorpore la marinada. Saltee de 2 a 3 minutos o hasta cocer.

4 Regrese los huevos revueltos al wok, sazone al gusto con sal y pimienta y mezcle unos segundos, hasta integrar y calentar. Divida entre las crepas, bañando cada una con 1 cucharadita de salsa hoisin y enrolle. Adorne y sirva de inmediato.

Consejo

Las agujas doradas, conocidas como lirio de tigre, son botones de flores de lili. Miden 5 cm/2 in de largo, tienen una consistencia ligeramente aterciopelada y son sumamente aromáticas. Compre las de color dorado brillante y almacene en un lugar fresco y oscuro. Deben hidratarse en agua caliente unos 30 minutos antes de usarse, enjuagarse y exprimirse. Omítalas, si lo desea, y aumente la cantidad de carne de puerco a 225 g/8 oz.

INGREDIENTES
Rinde 4 porciones

175 g/6 oz de filete de puerco
2 cucharaditas de vino de arroz chino o jerez seco
2 cucharadas de salsa de soya clara
1 cucharadita de fécula de maíz
25 g/1 oz de agujas doradas secas, remojadas y escurridas
2 cucharadas de aceite de maní
3 huevos medianos, ligeramente batidos
1 cucharadita de jengibre recién molido
3 cebollitas de cambray, limpias y finamente rebanadas
150 g/5 oz de tallos de bambú, en juliana
sal y pimienta negra recién molida
8 crepas de mandarina, cocidas al vapor
salsa hoisin
ramas de cilantro fresco, para adornar

Wonton Crujientes de Puerco

1 Coloque la cebolla, ajo, chile y jengibre en el procesador de alimentos y opere hasta picar finamente. Agregue el puerco, cilantro y polvo de cinco especias chinas. Sazone al gusto con sal y pimienta, mezcle ligeramente una vez más. Divida la mezcla en 20 porciones iguales y deles forma con las manos enharinadas haciendo bolitas del tamaño de una nuez.

2 Barnice las orillas de una crepa wonton con huevo batido, coloque la bolita de carne de puerco en el centro y apriete para formar una bolsita. Repita con las bolitas de carne restantes y crepas.

3 Vierta suficiente aceite en una olla gruesa o freidora para fritura profunda hasta llenar tres cuartas partes y caliente a 180°C/350°F. Fría los wontons en 3 ó 4 tandas de 3 a 4 minutos, o hasta que estén cocidos, dorados y crujientes. Escurra sobre toallas de cocina. Sirva los wontons crujientes de carne de puerco inmediatamente, considerando 5 por persona y un poco de salsa de chile para remojar.

INGREDIENTES
Rinde 4 porciones

1 cebolla pequeña, sin piel y picada toscamente

2 dientes de ajo, sin piel y machacados

1 chile verde, sin semillas y picado

2.5 cm/1 in de jengibre fresco en trozo, sin piel y picado toscamente

450 g/1 lb de carne de puerco molida

4 cucharadas de cilantro fresco picado

1 cucharadita de polvo de cinco especias chinas

sal y pimienta negra recién molida

20 crepas wonton

1 huevo mediano, ligeramente batido

aceite vegetal para fritura profunda

salsa de chile para servir

Consejo

Al freír los wontons, use una olla gruesa o una freidora especial para fritura profunda con una canastilla de alambre. Nunca llene la sartén más de una tercera parte de aceite, caliente sobre calor moderado hasta que alcance la temperatura requerida. Use un termómetro de cocina o coloque un cuadrito de pan del día anterior en el aceite caliente. Se tornará dorado en 45 segundos cuando el aceite esté lo suficientemente caliente.

Tostadas de Camarones con Ajonjolí

1 Coloque los camarones en un procesador de alimentos o licuadora con la fécula, cebollitas de cambray, jengibre, salsa de soya y polvo chino de cinco especias, si lo utiliza. Mezcle hasta formar una pasta suave. Coloque en un tazón e integre el huevo batido. Sazone al gusto con sal y pimienta.

2 Corte las orillas del pan. Unte con la pasta de camarón uniformemente sobre una de sus caras. Espolvoree con las semillas de ajonjolí y presione ligeramente.

3 Corte cada rebanada diagonalmente en 4 triángulos. Coloque sobre una tabla y refrigere 30 minutos.

4 Vierta suficiente aceite en una sartén gruesa o freidora hasta llenar una tercera parte. Caliente hasta alcanzar los 180°C/350°F. Cocine por tandas de 5 ó 6 piezas, colocando cuidadosamente el lado con semillas en el aceite. Fría de 2 a 3 minutos o hasta dorar ligeramente, voltee y cocine 1 minuto más. Usando una cuchara perforada o espumadera, retire las tostadas y escurra sobre toallas de papel. Mantenga calientes mientras fríe el resto. Acomode sobre un platón caliente y sirva de inmediato acompañando con salsa de chile para remojar.

INGREDIENTES
Rinde 4 porciones

125 g / 4 oz de camarones cocidos y sin piel
1 cucharada de fécula de maíz
2 cebollitas de cambray, sin piel y picadas toscamente
2 cucharaditas de jengibre recién molido
2 cucharaditas de salsa de soya oscura
una pizca de polvo chino de cinco especias (opcional)
1 huevo pequeño, batido
sal y pimienta negra recién molida
6 rebanadas delgadas de pan blanco del día anterior
40 g / 1½ oz de semillas de ajonjolí
aceite vegetal para fritura profunda
salsa de chile para acompañar

Consejo

Las tostadas pueden prepararse hasta el final del paso 3 y hasta con 12 horas de anticipación. Tape y refrigere hasta que las necesite. Es importante usar pan de uno o dos días antes y no pan fresco. Asegúrese de que los camarones estén perfectamente escurridos antes de hacerlos puré. Séquelos con toallas de papel si fuera necesario.

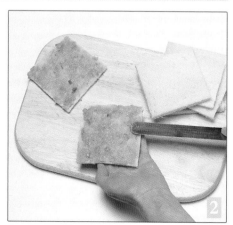

Pescado Agridulce Capeado

1 Corte el pescado en trozos de aproximadamente 5 x 2 cm/2 x 1 in. Coloque 4 cucharadas de la harina en un tazón pequeño, sazone con sal y pimienta al gusto, agregue las tiras de pescado poco a poco y mezcle hasta cubrir.

2 Cierna la harina restante sobre un tazón con una pizca de sal, la fécula de maíz y el arrurruz. Integre gradualmente 300 ml/½ pt de agua con hielo para hacer una mezcla suave y ligera.

3 Caliente el aceite en un wok o freidora hasta los 190°C/375°F. Trabajando en tandas, sumerja las tiras de pescado en la mezcla y fríalas de 3 a 5 minutos, o hasta que estén crujientes. Usando una cuchara perforada o espumadera, retire las tiras y escurra sobre toallas de papel.

4 Mientras tanto, haga la salsa. Coloque 3 cucharadas del jugo de naranja, el vinagre, jerez, salsa de soya, azúcar, puré de tomate y pimiento rojo en una olla pequeña. Hierva, disminuya la temperatura y hierva sobre fuego lento 3 minutos.

5 Mezcle la fécula de maíz con el jugo de naranja restante, incorpore a la salsa y hierva a fuego lento, moviendo durante 1 minuto o hasta espesar. Acomode el pescado sobre un platón caliente o platos individuales. Bañe con un poco de la salsa y sirva de inmediato con la salsa restante.

INGREDIENTES
Rinde 4–6 porciones

450 g / 1 lb de filete de bacalao, sin piel
150 g/5 oz de harina simple
sal y pimienta negra recién molida
2 cucharadas de fécula de maíz
2 cucharadas de arrurruz
aceite vegetal para fritura profunda

PARA LA SALSA AGRIDULCE

4 cucharadas de jugo de naranja
2 cucharadas de vinagre de vino blanco
2 cucharadas de jerez seco
1 cucharada de salsa de soya oscura
1 cucharada de azúcar morena clara
2 cucharaditas de puré de tomate
1 pimiento rojo, sin semillas y cortado en dados
2 cucharaditas de fécula de maíz

Consejo Sabroso

Cualquier pescado blanco y firme puede usarse para este platillo, siempre y cuando sea bastante grueso. Su pescadero puede recomendarle las variedades adecuadas.

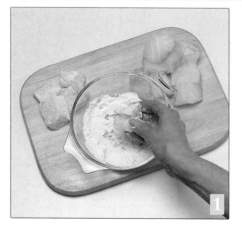

Crepas de Res a las Especias

1 Cierna la harina, sal y polvo chino de cinco especias en un tazón y haga un pozo en el centro. Agregue la yema de huevo y un poco de leche. Incorpore gradualmente la harina para hacer una mezcla uniforme. Integre la leche restante.

2 Caliente 1 cucharadita del aceite de girasol en una sartén gruesa para freír. Vierta suficiente mezcla para cubrir ligeramente la base de la sartén. Cocine sobre calor medio 1 minuto, o hasta dorar.

3 Voltee la crepa y cocine 1 minuto, o hasta dorar. Haga 7 crepas más con la mezcla restante. Apílelas sobre un plato caliente mientras las va haciendo, poniendo papel encerado entre ellas. Tape con papel aluminio y mantenga calientes en un horno templado.

4 Haga el relleno. Caliente un wok o una sartén grande para freír, agregue el aceite de ajonjolí y, cuando esté caliente, agregue las cebollitas de cambray, jengibre y ajo. Fría 1 minuto. Agregue las tiras de carne de res y fría de 3 a 4 minutos, incorpore el chile, vinagre, azúcar y salsa de soya. Cocine 1 minuto y retire del calor.

5 Coloque una octava parte del relleno sobre la mitad de cada crepa. Doble las crepas a la mitad, y vuelva a doblar a la mitad. Adorne con rebanadas de cebollita de cambray y sirva de inmediato.

INGREDIENTES
Rinde 4 porciones

50 g/2 oz de harina simple
una pizca de sal
½ cucharadita de polvo chino de cinco especias
1 yema de huevo grande
150 ml/¼ pt de leche
4 cucharaditas de aceite de girasol
rebanadas de cebollitas de cambray para adornar

PARA EL RELLENO DE RES CON ESPECIAS:

1 cucharada de aceite de girasol
4 cebollitas de cambray rebanadas
1 cm/½ in de jengibre fresco, sin piel y rallado
1 diente de ajo, sin piel y machacado
300 g/11 oz de sirloin, limpio y cortado en tiras
1 chile rojo, sin semillas y finamente picado
1 cucharadita de vinagre de jerez
1 cucharadita de azúcar morena oscura
1 cucharada de salsa de soya oscura

Calamares Agri-Picantes

1 Rebane cada calamar a lo largo, extienda y coloque sobre una tabla de picar con el centro hacia arriba. Usando un cuchillo filoso, corte ligeramente marcando cuadros. Corte cada calamar en 4 piezas. Retire los tentáculos.

2 Coloque la salsa de soya y la salsa hoisin con el jugo de limón, jerez, miel, jengibre, chiles y fécula de maíz en un tazón. Sazone al gusto con sal y pimienta y mezcle. Agregue los calamares, mezcle hasta cubrir, tape y refrigere para marinar durante 1 hora.

3 Coloque los calamares en una coladera sobre una olla y exprima la marinada. Retire los pedacitos de chile o jengibre de la olla, pues si se fríen se quemarán.

4 Llene una freidora hasta un tercio de su capacidad con aceite y caliente a 180°C/350°F. Fría los calamares en tandas durante 2 ó 3 minutos o hasta que estén dorados y crujientes. Retire y escurra sobre toallas de papel. Mantenga calientes.

5 Hierva la marinada y deje que burbujee ligeramente unos segundos. Acomode los calamares sobre un platón caliente y bañe con la marinada. Adorne con rebanadas de limón y sirva de inmediato.

Consejo

Es muy sencillo preparar los calamares. Lávelos bien con agua fría, separe la cabeza del cuerpo; las entrañas saldrán con la cabeza. Retire y desecha el pico transparente. Enjuague la bolsa del cuerpo a la perfección bajo el chorro de agua y pele la capa delgada de carne oscura. Los tentáculos son comestibles; córtelos de la cabeza por debajo de los ojos. Si lo desea, también puede freírlos para usarlos en este platillo.

INGREDIENTES
Rinde 4 porciones

8 calamares pequeños, limpios
2 cucharadas de salsa
  de soya oscura
2 cucharadas de salsa hoisin
1 cucharada de jugo de limón
  sin semilla
2 cucharadas de jerez seco
1 cucharada de miel de
  abeja clara
2.5 cm/1 in de jengibre fresco, sin
  piel y finamente picado
1 chile rojo, sin semillas
  y finamente picado
1 chile verde, sin semillas
  y finamente picado
1 cucharadita de fécula de maíz
sal y pimienta negra recién molida
aceite vegetal para fritura profunda
rebanadas de limón sin semilla
  para decorar

Huevos de Codorniz Aromáticos

1 Coloque las hojas de té en una taza de medir y cubra con 150 ml/¼ pt de agua hirviendo. Deje reposar 5 minutos, cuele, reservando el té y deseche las hojas.

2 Mientras tanto, coloque los huevos en un cazo y cubra con suficiente agua. Hierva a fuego lento 1 minuto. Retire los huevos con una cuchara perforada y voltee ligeramente hasta cuartear sus cascarones por todos lados.

3 Agregue la sal, 2 cucharadas de la salsa de soya, el azúcar morena, anís estrella y varita de canela al agua en donde se cocieron los huevos; incorpore el té. Hierva, vuelva a poner los huevos en la olla y hierva a fuego lento 1minuto. Retire del calor y deje reposar 2 minutos, saque los huevos y sumérjalos en agua fría. Deje enfriar la mezcla de té.

4 Vuelva a poner los huevos en la mezcla de té fría, deje reposar 30 minutos, escurra y retire los cascarones para ver el marmoleado.

5 Vierta la salsa de soya restante, el vinagre, vino de arroz chino o jerez en un cazo pequeño y agregue el azúcar granulada y polvo chino de cinco especias. Incorpore la fécula de maíz disuelta en 1 cucharada de agua fría e integre con la mezcla de salsa de soya Caliente hasta que hierva y espese un poco, moviendo continuamente. Deje enfriar.

6 Vierta la salsa en un tazón pequeño. Coloque los huevos en un platón o acomódelos en platos individuales y sirva acompañando con la salsa.

INGREDIENTES
Rinde 4 porciones

2 cucharadas de hojas de té jazmín

24 huevos de codorniz

2 cucharaditas de sal

4 cucharadas de salsa de soya oscura

1 cucharada de azúcar morena oscura

2 anís estrella enteras

1 varita de canela

2 cucharadas de vinagre de jerez

2 cucharadas de vino de arroz chino o jerez seco

2 cucharadas de azúcar granulada

¼ cucharadita de polvo chino de cinco especias

¼ cucharadita de fécula de maíz

Alas de Pollo Estilo Cantonés

1 Precaliente el horno a 220°C/425°F 15 minutos antes de cocinar. Coloque la salsa hoisin, salsa de soya, aceite de ajonjolí, ajo, jengibre, vino de arroz chino o jerez, salsa de chili bean, vinagre y azúcar en un cazo pequeño con 6 cucharadas de agua. Hierva a fuego lento, moviendo ocasionalmente aproximadamente 30 segundos. Retire el glaseado del calor.

2 Coloque las alitas de pollo en un refractario acomodándolas en una sola capa. Bañe con el glaseado y mezcle hasta que las alitas estén cubiertas totalmente.

3 Tape el refractario ligeramente con papel aluminio, coloque en el horno precalentado y ase 25 minutos. Retire el papel aluminio, barnice las alitas y cocine 5 minutos más.

4 Reduzca la temperatura del horno a 190°C/375°F. Voltee las alitas y espolvoree con las nueces de la india y cebollitas de cambray. Hornee 5 minutos o hasta que las nueces se doren ligeramente, el glaseado esté pegajoso y las alitas estén suaves. Retire del horno y deje reposar 5 minutos antes de acomodar en un platón caliente. Sirva de inmediato acompañando con recipientes para enjuagarse los dedos y bastantes servilletas.

INGREDIENTES
Rinde 4 porciones

3 cucharadas de salsa hoisin

2 cucharadas de salsa de soya oscura

1 cucharada de aceite de ajonjolí

1 diente de ajo, sin piel y machacado

2.5 cm/1 in de jengibre fresco, sin piel y rallado

1 cucharada de vino de arroz chino o jerez seco

2 cucharaditas de salsa de chilli bean

2 cucharaditas de vinagre de vino tinto o blanco

2 cucharadas de azúcar morena clara

900 g/2 lb de nueces de la india picadas

2 cebollitas de cambray, limpias y finamente picadas

Consejo

Las alitas de pollo son consideradas un bocado exquisito tanto en China como en Tailandia y se estiman como una de las partes más sabrosas del pollo. Si le avisa a su carnicero con anticipación, probablemente se las venderá muy baratas, ya que a menudo se desechan cuando cortan los pollos en partes.

Camarones Crujientes con Salsa China

1 Usando un cuchillo filoso, retire la vena intestinal del torso de los camarones. Espolvoree los camarones con sal y deje reposar 15 minutos. Seque con toallas de papel.

2 Caliente un wok o sartén grande para freír, agregue el aceite de maní y, cuando esté caliente, añada los camarones y saltee en 2 tandas por 1 minuto aproximadamente, o hasta que se tornen rosas y estén casi cocidos. Usando una cuchara perforada, retire los camarones y mantenga calientes a horno bajo.

3 Escurra el aceite del wok, dejando 1 cucharada. Agregue el ajo, jengibre y chile y cocine 30 segundos. Agregue el cilantro, vuelva a poner los camarones y saltee de 1 a 2 minutos, o hasta que los camarones estén totalmente cocidos y el ajo esté dorado. Vacíe en un platón caliente.

4 Para hacer la salsa, bata en un tazón pequeño, con un tenedor, la soya, vinagre de arroz, azúcar granulada y aceite de chile. Integre las cebollitas de cambray. Sirva de inmediato con los camarones calientes.

Consejo Sabroso

Aunque los camarones crudos se deben cocinar totalmente, también es importante no cocinarlos demasiado pues se harán duros y chiclosos y perderán su sabor delicado. Saltéelos hasta que se tornen rosas y opacos, moviéndolos constantemente para que se cocinen parejo. Solo tendrán que cocerse ligeramente en el paso 3.

INGREDIENTES
Rinde 4 porciones

450 g / 1 lb de camarones crudos medianos, sin piel
¼ cucharadita de sal
6 cucharadas de aceite de maní
2 dientes de ajo, sin piel y finamente picados
2.5 cm / 1 in de jengibre fresco, sin piel y finamente picado
1 chile verde, sin semillas y finamente picado
4 ramas de cilantro fresco, hojas y tallos, finamente picados

PARA LA SALSA CHINA PARA REMOJAR:

3 cucharadas de salsa de soya oscura
3 cucharadas de vinagre de vino de arroz
1 cucharada de azúcar granulada
2 cucharadas de aceite de chile
2 cebollitas de cambray, finamente picadas

Sol al Vapor con Chile y Jengibre

1 Coloque el sol sobre una tabla de picar. Usando un cuchillo filoso, corte cada lado del espinazo central y retire. Corte el pescado en trozos de 2.5 cm/1 in y reserve.

2 Haga un corte a un lado de cada chile, retire y deseche las semillas y venas; rebane finamente. Pele el jengibre y corte finamente o ralle.

3 Barnice un refractario con aceite de ajonjolí y acomode las piezas de sol sobre el refractario en una sola capa. Adorne con las cebollitas de cambray y bañe con la salsa de soya y vino de arroz chino o jerez.

4 Coloque una rejilla o un tazón pequeño invertido en un wok grande. Vierta suficiente agua para cubrir 2.5 cm/1 in de los lados del wok y hierva sobre temperatura alta.

5 Doble un trozo grande de papel aluminio a lo largo para hacer una tira de 5 a 7.5 cm/2 a 3 in de ancho y colóquelo sobre la rejilla o tazón pequeño. Debe extenderse debajo del plato al colocarlo en el wok.

6 Coloque el plato con el sol sobre la rejilla o tazón pequeño y tape apretando con el papel. Cocine al vapor sobre calor medio-bajo 5 minutos, o hasta que el pescado esté suave y opaco. Usando el papel aluminio como si fuera una hamaca, saque el plato. Adorne con ramas de cilantro y rebanadas de limón sin semilla y sirva de inmediato con arroz al vapor.

INGREDIENTES
Rinde 4 porciones

700 g / 1½ lb de cola de sol sin piel
1 ó 2 chiles rojos
4 cm / 1½ in de jengibre fresco
1 cucharadita de aceite de ajonjolí
4 cebollitas de cambray, limpias y finamente rebanadas en diagonal
2 cucharadas de salsa de soya
2 cucharadas de vino de arroz chino o jerez seco
arroz recién cocido al vapor, como guarnición

PARA ADORNAR:
ramas de cilantro fresco
rebanadas de limón sin semilla

Wontons Fritos de Cangrejo

1 Caliente un wok o sartén grande para freír, agregue 1 cucharada del aceite de ajonjolí y, cuando esté caliente, agregue las castañas de agua, cebollitas de cambray y jengibre; saltee 1 minuto. Retire del calor y deje enfriar ligeramente.

2 En un tazón, mezcle la carne de cangrejo con la salsa de soya, vinagre de vino de arroz, chiles triturados, azúcar, salsa de pimiento picante, cilantro o eneldo picado y la yema de huevo. Incorpore la mezcla de salteado y fría hasta integrar por completo.

3 Coloque las crepas wonton sobre una superficie de trabajo y coloque 1 cucharadita de la mezcla de cangrejo sobre el centro de cada una. Barnice las orillas con un poco de agua y doble una orilla sobre la opuesta para formar un triángulo. Presione para sellar.

4 Una las 2 orillas del triángulo en el centro, barnice con un poco de agua y sobrepóngalas, presionando para sellar y darle forma de "tortellini". Coloque sobre una charola de hornear y continúe con los demás triángulos.

5 Vierta suficiente aceite en un wok grande hasta 5 cm/2 in de altura y coloque sobre calor alto. Trabajando en tandas, fría los wontons 3 minutos o hasta que estén dorados y crujientes, volteando una o dos veces.

6 Retire los wontons cuidadosamente con una cuchara, escurra sobre toallas de papel y mantenga calientes. Coloque sobre platos individuales, adorne con una rebanada de limón sin semilla y sirva de inmediato acompañando con la salsa.

INGREDIENTES
Rinde de 24 a 30 porciones

2 cucharadas de aceite de ajonjolí

6 a 8 castañas de agua, lavadas, escurridas y picadas

2 cebollitas de cambray, sin piel y finamente picadas

1 cm/½ in de jengibre, sin piel y rallado

1 lata de 185 g de carne de cangrejo blanca, drenada

50 ml/2 fl oz de salsa de soya

2 cucharadas de vinagre de vino de arroz

½ cucharadita de chiles secos triturados

2 cucharaditas de azúcar

½ cucharadita de salsa de pimiento picante, o al gusto

1 cucharada de cilantro o eneldo recién picado

1 yema de huevo grande

1 paquete de crepas wonton

aceite vegetal para fritura profunda

rebanadas de limón sin semilla para adornar

salsa para remojar

Camarones Szechuan al Chile

1 Pele los langostinos, dejando sus colas si lo desea. Usando un cuchillo filoso, retire la vena intestinal de sus torsos. Enjuague y seque con toallas de papel.

2 Caliente un wok o sartén grande para freír, agregue el aceite y, cuando esté caliente, añada la cebolla, pimiento y chile; saltee de 4 a 5 minutos, o hasta que las verduras estén suaves pero puedan morderse. Incorpore el ajo y cocine 30 segundos. Usando una cuchara perforada, pase a un plato y reserve.

3 Ponga los langostinos en el wok y saltee de 1 a 2 minutos, o hasta que se tornen rosas y opacos.

4 En un tazón o frasco, mezcle todos los ingredientes de la salsa de chile e incorpore con los langostinos. Agregue las verduras que reservó y hierva, moviendo constantemente. Cocine de 1 a 2 minutos o hasta que la salsa espese y los langostinos y verduras estén totalmente cubiertos.

5 Incorpore las cebollitas de cambray, coloque en un platón caliente y adorne con las flores de chile o ramas de cilantro. Sirva de inmediato acompañando con arroz o fideo recién cocido.

Consejo

Para hacer las flores de chile, corte las puntas de chiles pequeños y retire las semillas. Corte con tijeras haciendo "pétalos" cortando a 1 cm/½in del tallo. Remoje en agua con hielo 20 minutos.

INGREDIENTES
Rinde 4 porciones

450 g / 1 lb de langostinos crudos
2 cucharadas de aceite de maní
1 cebolla, sin piel y cortada en dados
1 pimiento rojo, sin semillas y cortado en tiras
1 chile rojo pequeño, sin semillas y en rebanadas delgadas
2 dientes de ajo, sin piel y finamente picados
2 ó 3 cebollitas de cambray, limpias y rebanadas en diagonal
arroz o fideo recién cocido, como guarnición
ramas de cilantro fresco o flores de chile, para adornar

PARA LA SALSA DE CHILE:

1 cucharada de fécula de maíz
4 cucharadas de consomé frío de pescado o agua
2 cucharadas de salsa de soya
2 cucharadas de salsa de chile dulce o picante, al gusto
2 cucharaditas de azúcar morena clara

Salmón Salteado con Chícharos

1 Limpie y retire la piel del filete de salmón así como todas las espinas. Rebane en tiras de 2.5 cm/1 in, coloque sobre un plato y espolvoree con sal. Deje reposar 20 minutos, seque con toallas de papel y reserve.

2 Corte el tocino en dados pequeños y reserve.

3 Caliente un wok o sartén grande para freír sobre temperatura alta, agregue el aceite y, cuando esté caliente, agregue el tocino y saltee 3 minutos o hasta que esté dorado y crujiente. Aparte hacia la orilla y agregue las tiras de

salmón. Saltee ligeramente 2 minutos o hasta que la carne esté opaca.

4 Vierta el consomé de pollo o pescado, salsa de soya y vino de arroz chino o jerez en el wok, incorpore el azúcar, chícharos y menta recién picada.

5 Mezcle la fécula de maíz con 1 cucharada de agua para formar una pasta suave e incorpore a la salsa. Hierva, reduzca la temperatura y deje hervir a fuego lento 1 minuto o hasta que espese y se suavice ligeramente. Adorne y sirva inmediatamente acompañando con fideo.

Consejo

Al espolvorear el salmón con sal se produce una deshidratación, lo cual hace que su carne sea más firme. Esto evita que se desmenuce al cocerse. Antes de cocinarlo, seque las tiras con toallas de papel absorbente para retirar todo el líquido salado que sea posible. En esta receta se usa salsa de soya oscura ya que es menos salada que la clara. Para reducir el contenido de sal aún más, cocine el fideo en agua hirviendo sin sal.

INGREDIENTES
Rinde 4 porciones

450 g/1 lb de filete de salmón
sal
6 rebanadas de tocino
1 cucharada de aceite vegetal
50 ml/2 fl oz de consomé de
 pollo o pescado
2 cucharadas de salsa
 de soya oscura
2 cucharadas de vino de arroz
 chino o jerez seco
1 cucharadita de azúcar
75 g/3 oz de chícharos congelados
 precocidos, descongelados
1 ó 2 cucharadas de menta recién
 picada
1 cucharadita de fécula de maíz
ramas de menta fresca
 para adornar
fideo recién cocido, como guarnición

Filete de Mero Chino al Vapor con Frijol Negro

1 Usando un cuchillo filoso, haga 3 ó 4 cortes profundos en diagonal a ambos lados del pescado. Bañe con vino de arroz chino o jerez por dentro y por fuera del pescado y frote suavemente sobre la piel de ambos lados.

2 Barnice con aceite de maní un plato térmico lo suficientemente grande para caber en un wok o sartén grande para freír. Coloque el pescado dentro del plato y deje reposar 20 minutos.

3 Coloque una rejilla de alambre o tazón individual invertido en el wok y vierta suficiente agua para cubrir 2.5 cm/1 in de las orillas. Hierva sobre temperatura alta.

4 Coloque cuidadosamente el plato con el pescado sobre la rejilla o tazón individual, tape y cocine al vapor de

12 a 15 minutos, o hasta que el pescado esté suave y la carne esté opaca al picarla con un cuchillo cerca del hueso.

5 Retire el plato con el pescado del wok y mantenga caliente. Retire la rejilla o tazón individual del wok y deseche el agua. Vuelva a poner el wok al fuego, agregue el aceite de maní restante y gire para cubrir la base y los lados. Agregue el frijol negro, ajo y jengibre; saltee 1 minuto.

6 Agregue las cebollitas de cambray, salsa de soya, consomé de pescado o pollo y hierva 1 minuto. Incorpore la salsa de chile y aceite de ajonjolí, vierta la salsa sobre el pescado cocido. Adorne con ramas de cilantro y sirva de inmediato.

INGREDIENTES
Rinde 4 porciones

1.1 kg/2½ lb de corvina o mero chino, limpio y entero

1 ó 2 cucharadas de vino de arroz o jerez seco

1½ cucharada de aceite de maní

2 ó 3 cucharadas de frijol negro fermentado, enjuagado y drenado

1 diente de ajo, pelado y finamente picado

1 cm/½ in de jengibre fresco, pelado y finamente picado

4 cebollitas de cambray, limpias y rebanadas finamente en diagonal

2 ó 3 cucharadas de salsa de soya

125 ml/4 fl oz de consomé de pescado o pollo

1 ó 2 cucharadas de salsa de chile chino dulce, o al gusto

2 cucharaditas de aceite de ajonjolí

ramas de cilantro fresco, para adornar

Pescado Agridulce

1 Haga la salsa. Coloque la fécula de maíz en una olla e integre el consomé, batiendo. Incorpore los demás ingredientes de la salsa y hierva, moviendo hasta que espese. Hierva a fuego lento 2 minutos, retire del calor y reserve.

2 Ponga a hervir agua en una olla. Agregue la zanahoria, vuelva a hervir y cocine 3 minutos. Añada el pimiento (verde o rojo) y cocine 1 minuto. Agregue el chícharo chino y los chícharos; cocine 30 segundos. Escurra, enjuague bajo el chorro de agua fría y vuelva a escurrir. Incorpore a la salsa agridulce junto con las cebollitas de cambray.

3 Usando un cuchillo filoso, marque cruces sobre cada filete de pescado y cubra ambos lados con fécula de maíz.

4 Vierta suficiente aceite en un wok grande hasta llegar a los 5 cm/2 in de altura. Caliente a 190°C/375°F, o hasta que un cubo de pan se dore en 30 segundos. Fría los filetes de pescado, (sin piel pequeños y delgados), de 2 en 2, de 3 a 5 minutos, o hasta que estén dorados y crujientes, volteando una sola vez. Usando una pala para pescado, retire y escurra sobre toallas de papel. Mantenga calientes.

5 Hierva la salsa agridulce, moviendo constantemente. Acomode los filetes de pescado en un platón caliente y bañe con la salsa caliente. Adorne con ramas de cilantro y sirva de inmediato.

INGREDIENTES
Rinde 4 porciones

125 g/4 oz de zanahoria, pelada y cortada en juliana
125 g/4 oz de pimiento
125 g/4 oz de chícharo chino, cortadas a la mitad en diagonal
125 g/4 oz de chícharos congelados precocidos, descongelados
2 ó 3 cebollitas de cambray, limpias y rebanadas diagonalmente en trozos de 5 cm/2 in
450 g/1 lb de filetes de platija
1½ ó 2 cucharadas de fécula de maíz
aceite vegetal para freír
ramas de cilantro fresco

PARA LA SALSA AGRIDULCE:
2 cucharaditas de fécula de maíz
300 ml/½ pt de consomé de pollo
4 cm/1½ in de jengibre fresco
2 cucharadas de salsa de soya
2 cucharadas de jerez seco
2 cucharadas de salsa catsup
2 cucharadas de vinagre de arroz
1½ cucharadas de azúcar

Albóndigas de Pescado en Salsa Picante de Frijol Amarillo

1 Coloque los trozos de pescado, sal, fécula de maíz, cebollitas de cambra limpias y picadasy, cilantro, salsa de soya y clara de huevo en un procesador de alimentos. Sazone al gusto con pimienta. Mezcle hasta formar una pasta suave, raspando los lados del tazón de vez en cuando.

2 Humedezca sus manos y forme bolitas de 2.5 cm/ 1 in con la mezcla. Pase a una charola de hornear y refrigere por lo menos 30 minutos.

3 Hierva agua en una olla. Trabajando en 2 ó 3 tandas, coloque las bolitas de pescado y cueza suavemente de

3 a 4 minutos o hasta que floten en la superficie. Escurra sobre toallas de papel absorbente.

4 Coloque los ingredientes de la salsa en un wok o sartén grande para freír y hierva. Agregue las bolitas de pescado a la salsa y saltee suavemente de 2 a 3 minutos hasta que estén bien calientes. Pase a un platón caliente y adorne con ramas de estragón. Sirva de inmediato acompañando con arroz recién cocido.

Dato Culinario

Las salsas de frijol amarillo y café están hechas de frijol de soya fermentado y tienen un fuerte sabor salado. Si compra salsa de frijol amarillo en lata, pase a un recipiente de vidrio y almacene en el refrigerador; durará hasta por un año.

INGREDIENTES
Rinde 4 porciones

450 g/1 lb de filetes de pescado blanco sin piel, como bacalao o robalo
½ cucharadita de sal
1 cucharada de fécula de maíz
2 cebollitas de cambray
1 cucharada de cilantro recién picado
1 cucharadita de salsa de soya
1 clara de huevo mediano
pimienta negra recién molida
ramas de estragón, para adornar
arroz recién cocido, como guarnición

PARA LA SALSA DE FRIJOL AMARILLO:
75 ml/3 fl oz de consomé de pescado o pollo
1 ó 2 cucharaditas de salsa de frijol amarillo
2 cucharadas de salsa de soya
1 ó 2 cucharadas de vino de arroz chino o jerez seco
1 cucharadita de salsa de chilli
1 cucharadita de aceite de ajonjolí
1 cucharadita de azúcar (opcional)

Trucha Entera al Vapor con Jengibre y Cebollitas de Cambray

1 Limpie el pescado por dentro y por fuera con toallas de papel y frote con sal tanto en el interior como en el exterior. Deje reposar 20 minutos. Seque con toallas de papel.

2 Coloque una rejilla para cocer al vapor o un tazón individual invertido en un wok grande y vierta suficiente agua hasta los 5 cm/2 in de altura. Hierva.

3 Barnice un plato a prueba de fuego con un poco de aceite de maní y coloque en él los pescados con las colas en dirección opuesta. Coloque el plato sobre la rejilla, cubra presionando con papel aluminio y hierva a fuego medio de

10 a 12 minutos o hasta que esté suave y la carne cercana al hueso esté opaca.

4 Pase cuidadosamente el plato a una superficie térmica. Bañe con la salsa de soya y mantenga caliente.

5 Retire el agua del wok y vuelva a colocar sobre el calor. Agregue los aceites de maní y ajonjolí restantes y, cuando estén calientes, añada el ajo, jengibre y cebollitas de cambray; saltee 2 minutos o hasta dorar. Vierta sobre el pescado, adorne con cebollín y rebanadas de limón y sirva de inmediato acompañando con arroz y ensalada oriental.

Dato Culinario

Hay 3 tipos de trucha: trucha arco iris, trucha dorada y trucha café.

INGREDIENTES
Rinde 4 porciones

2 truchas de 450 a 700 g/1–1½ lb enteras, limpias y sin cabeza
sal de mar gruesa
2 cucharadas de aceite de maní
½ cucharada de salsa de soya
1 cucharada de aceite de ajonjolí
2 dientes de ajo, sin piel y en rebanadas delgadas
2.5 cm/1 in de jengibre fresco, sin piel y en rebanadas delgadas
2 cebollitas de cambray, limpias y en rebanadas delgadas diagonales

PARA ADORNAR:
hojas de cebollín
rebanadas de limón

PARA ACOMPAÑAR:
arroz recién cocido
ensalada oriental, como guarnición

Calamares Salteados con Espárragos

1 Hierva agua en un cazo mediano sobre calor alto. Agregue los calamares, vuelva a hervir y cocine 30 segundos. Usando una coladera ancha tipo wok o cuchara perforada, pase a un colador, escurra y reserve.

2 Agregue los trozos de espárrago al agua hirviendo y blanquee 2 minutos. Escurra y reserve.

3 Caliente un wok o sartén grande para freír, agregue el aceite de maní y, cuando esté caliente, agregue el ajo y jengibre; saltee 30 segundos. Añada el pak choi, saltee de 1 a 2 minutos, incorpore el consomé y cocine 1 minuto.

4 En un tazón o en un frasco, mezcle la salsa de soya, salsa de ostión y vino de arroz chino o jerez y vacíe en el wok.

5 Ponga los calamares y espárragos que reservó en el wok y saltee 1 minuto. Agregue la mezcla de fécula de maíz. Saltee 1 minuto o hasta que la salsa espese y todos los ingredientes estén cubiertos.

6 Incorpore el aceite de ajonjolí, mezcle una vez más y coloque en un platón caliente. Adorne con las semillas de ajonjolí tostadas y sirva de inmediato con arroz recién cocido.

INGREDIENTES
Rinde 4 porciones

450 g / 1 lb de calamares, limpios y cortados en anillos de 1 cm/½ in

225 g/8 oz de espárragos frescos, cortados diagonalmente en trozos de 6.5 cm/2½ in

2 cucharadas de aceite de maní

2 dientes de ajo, sin piel y en rebanadas delgadas

2.5 cm/1 in de jengibre fresco, sin piel y en rebanadas delgadas

225 g/8 oz de pak choi, limpio

75 ml/3 fl oz de consomé de pollo

2 cucharadas de salsa de soya

2 cucharadas de salsa de ostión

1 cucharada de vino de arroz chino o jerez seco

2 cucharaditas de fécula de maíz, diluidas en 1 cucharada de agua

1 cucharada de aceite de ajonjolí

1 cucharada de semillas de ajonjolí tostadas arroz recién cocido, como guarnición

Consejo Sabroso

El pak choi es un miembro de la familia de las coles. Para esta receta busque pak choi pequeño o pak choi de Shangai, que es ligeramente más chico y tiene un sabor más delicado.

Salmón Marinado con Cinco Especias Chinas

1 En un refractario de vidrio poco profundo, combine los ingredientes de la marinada, hasta integrar por completo. Agregue las tiras de salmón y mezcle hasta cubrir. Marine dentro del refrigerador de 20 a 30 minutos.

2 Usando una cuchara perforada o espátula para pescado, retire los trozos de salmón, escurra sobre toallas de papel y seque. Reserve la marinada.

3 Bata las claras de huevo con la fécula de maíz para hacer una mezcla. Agregue las tiras de salmón e integre a la mezcla hasta cubrir por completo.

4 Vierta suficiente aceite en un wok grande hasta los

5 cm/2 in de altura y coloque sobre calor alto. Trabajando en 2 ó 3 tandas, agregue las tiras de salmón y cocine de 1 a 2 minutos o hasta dorar. Retire del wok con una cuchara perforada y escurra sobre toallas de papel. Reserve.

5 Deseche el aceite caliente y limpie el wok. Agregue la marinada, cebollitas de cambray y consomé al wok. Hierva a fuego lento 1 minuto. Agregue las tiras de salmón y saltee suavemente hasta cubrir con la salsa. Pase, con la ayuda de una cuchara, a un platón poco profundo; adorne con las rebanadas de limón y sirva de inmediato.

INGREDIENTES
Rinde 4 porciones

700 g/1½ lb de filete de salmón sin piel, cortado en tiras de 2.5 cm/1 in
2 claras de huevo mediano
1 cucharada de fécula de maíz
aceite vegetal para freír
4 cebollitas de cambray, cortadas en trozos de 5 cm/2 in
125 ml/4 fl oz de consomé de pescado
rebanadas de limón para adornar

PARA LA MARINADA:
3 cucharadas de salsa de soya
3 cucharadas de vino de arroz chino o jerez seco
2 cucharaditas de aceite de ajonjolí
1 cucharada de azúcar morena
1 cucharada de jugo de limón
1 cucharadita de polvo chino de cinco especias
2 ó 3 chorritos de salsa picante

Consejo

Si desea obtener un sabor más fuerte e intenso, marine el salmón de 4 a 6 horas.

Carne de Puerco Hoisin

1 Precaliente el horno a 200°C/400°F durante 15 minutos antes de cocinar. Usando un cuchillo filoso marque la piel de puerco con cuadros, asegurándose de no cortar la carne. Frote la sal uniformemente sobre la piel y deje reposar 30 minutos.

2 Mientras tanto, mezcle el polvo de cinco especias, ajo, aceite de ajonjolí, salsa hoisin y miel hasta integrar. Frote la mezcla uniformemente sobre la piel del puerco. Coloque la carne sobre un plato y marine dentro del refrigerador hasta por 6 horas.

3 Coloque el puerco sobre una rejilla de alambre y acomódela dentro de una charola para asar y ponga la carne en el horno precalentado de 1 a 1¼ horas, o hasta que esté muy crujiente y que al picarlo con un trinche suelte un jugo claro.

4 Retire el puerco del horno, deje reposar 15 minutos y corte en tiras. Acomode sobre un platón caliente. Adorne con hojas de ensalada y sirva de inmediato.

INGREDIENTES
Rinde 4 porciones

1.4 kg/3 lb de sección ventral del cerdo, limpia y sin hueso

sal de mar

2 cucharaditas de polvo chino de cinco especias

2 dientes de ajo, sin piel y picados

1 cucharadita de aceite de ajonjolí

4 cucharadas de salsa hoisin

1 cucharada de miel de abeja clara

hojas de ensalada mixta para adornar

Dato Culinario

La sección ventral del cerdo, también conocida como puerco con cuero, es un corte delgado de carne maciza con capas alternadas de grasa del mismo espesor. La carne debe cocerce bien para que se suavice y la grasa se dore y se haga crujiente. El puerco es la carne más popular de China. En las zonas rurales cada familia tiene un cerdo que se alimenta de las sobras.

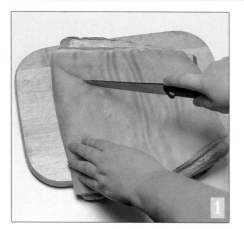

Carne de Puerco con Salsa de Frijol Negro

1 Usando un cuchillo filoso, limpie el puerco, desechando cualquier parte de grasa o nervio; corte en trozos del tamaño de un bocado. Coloque en un platón poco profundo y bañe con la salsa de soya. Voltee para cubrir uniformemente, tape con plástico adherente y deje marinar, en el refrigerador, por lo menos 30 minutos. Cuando lo vaya a usar, saque de la marinada, retire todo el líquido posible y seque con toallas de papel. Reserve la marinada.

2 Caliente un wok, agregue el aceite de maní y, cuando esté caliente, agregue el ajo picado y el jengibre; saltee 30 segundos. Agregue la zanahoria y los pimientos; saltee de 3 a 4 minutos o hasta suavizar.

3 Coloque el puerco en el wok y saltee de 5 a 7 minutos, o hasta dorar y suavizar por completo. Incorpore la marinada reservada y la salsa de frijol negro. Hierva, moviendo constantemente hasta integrar. Cocine a fuego lento por 1 minuto o hasta calentar por completo. Coloque en un platón caliente o en platos individuales. Adorne con el cebollín picado y sirva de inmediato acompañando con arroz cocido al vapor.

INGREDIENTES
Rinde 4 porciones

700 g / 1½ lb de lomo de puerco
4 cucharadas de salsa de soya clara
2 cucharadas de aceite de maní
1 diente de ajo, sin piel y picado
2.5 cm / 1 in de jengibre fresco, sin piel y cortado en juliana
1 zanahoria grande, sin piel y rebanada
1 pimiento rojo, sin semillas y rebanado
1 pimiento verde, sin semillas y rebanado
1 frasco de 160 g de salsa de frijol negro
sal
cebollín fresco picado, para adornar
arroz recién cocido al vapor, como guarnición

Consejo Sabroso

Antes de cocinar el puerco, retire toda la marinada y seque con toallas de papel. De esta forma al freír la carne en el aceite caliente, ésta se dora adecuadamente. Si tiene demasiado líquido, se cuece al vapor con el jugo que suelta.

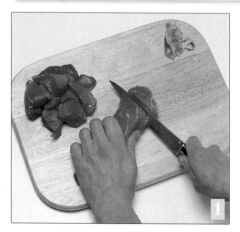

Rollos Primavera de Carne de Puerco

1 Limpie el puerco, desechando los nervios y grasa, y corte en tiras muy delgadas. Coloque en un tazón pequeño, bañe con la salsa de soya clara y mezcle hasta cubrir. Forre con plástico adherente y marine en el refrigerador, por lo menos 30 minutos.

2 Caliente un wok o sartén grande para freír, agregue 1 cucharada del aceite y, cuando esté caliente, añada la zanahoria y champiñones; saltee 3 minutos o hasta suavizar. Agregue las cebollitas de cambray, germinados y ajo; saltee 2 minutos y pase a un tazón. Reserve.

3 Escurra el puerco, coloque en el wok y saltee de 2 a 4 minutos o hasta dorar. Incorpore las verduras y deje enfriar. Integre la salsa de soya oscura y mezcle.

4 Extienda la pasta filo doblada sobre una superficie de trabajo. Divida el relleno entre las hojas, colocando la mezcla en una orilla. Barnice las orillas de la pasta con agua, doble los extremos y enrolle.

5 Caliente el aceite restante en un wok grande a 180°C/350°F y cocine los rollos primavera en tandas, de 2 a 3 minutos, o hasta dorar, volteándolos durante el cocimiento. Usando una cuchara perforada, retire y escurra sobre toallas de papel. Adorne con rizos de cebollita de cambray y sirva de inmediato con salsa para remojar estilo chino.

INGREDIENTES
Rinde 4 porciones

125 g/4 oz de lomo de puerco

2 cucharadas de salsa de soya clara

225 ml/8 fl oz de aceite de maní

1 zanahoria mediana, pelada y cortada en juliana

75 g/3 oz de champiñones, limpios y rebanados

4 cebollitas de cambray, limpias y en rebanadas delgadas

75 g/3 oz de germinado de frijol

1 diente de ajo, pelado y picado

1 cucharada de salsa de soya oscura

12 hojas grandes de pasta filo, cortadas a la mitad

rizos de cebollitas de cambray, para adornar

salsa para remojar estilo chino, para acompañar

Consejo Sabroso

Para hacer la salsa para remojar, mezcle 2 cucharadas de salsa de soya oscura, 1 cucharada de vino de arroz chino o jerez seco, 2 cucharaditas de salsa de chilli bean, 2 cucharaditas de aceite de semillas de ajonjolí y 1 cucharadita de azúcar. Incorpore 1 cebollita de cambray finamente picada.

Arroz Frito Especial

1 Derrita la mantequilla en un wok o sartén grande para freír y agregue la mitad del huevo batido. Cocine 4 minutos, recortando la orilla para dar forma redonda. Usando una pala para pescado. Levante la omelet del wok y enróllelo dando forma de salchicha. Deje enfriar totalmente y, una vez frío, parta en anillos usando un cuchillo filoso.

2 Limpie el wok con toallas de papel. Agregue el aceite y, cuando esté caliente, agregue las cebollitas de cambray, jamón, camarones, chícharos y castañas de agua picadas. Saltee 2 minutos. Agregue el arroz y fría 3 minutos más.

3 Añada el huevo batido restante y saltee 3 minutos, o hasta que esté listo. Incorpore la salsa de soya, jerez y cilantro picado. Sazone al gusto con sal y pimienta; caliente totalmente. Agregue los anillos de omelet y mezcle con cuidado para no romper el huevo. Sirva de inmediato

Consejo

En la cocina china, el arroz siempre se cuece usando el método de absorción para retener todo su sabor y nutrientes, por lo cual no se usan grandes cantidades de agua hirviendo. El arroz de grano largo es popular pero en ocasiones especiales, se sirve arroz aromático estilo tai. También se usa arroz de grano medio y corto en platos sazonados. El arroz de grano largo absorbe de 1½ a 3 veces su volumen de agua, por lo que deberá usar aproximadamente 175 g/6 oz de arroz crudo para este platillo.

INGREDIENTES
Rinde 4 porciones

25 g / 1 oz de mantequilla

4 huevos medianos, batidos

4 cucharadas de aceite vegetal

1 manojo de cebollitas de cambray, limpias y picadas

225 g / 8 oz de jamón cocido, cortado en dados

125 g / 4 oz de camarones grandes cocidos, sin piel y con cola

75 g / 3 oz de chícharos congelados precocidos, descongelados

1 lata de 200 g de castañas de agua, drenadas y picadas toscamente

450 g / 1 lb de arroz de grano largo, cocido

3 cucharadas de salsa de soya oscura

1 cucharada de jerez seco

2 cucharadas de cilantro recién picado

sal y pimienta negra recién molida

Costillas Agriculces

1 Precaliente el horno a 200°C/400°F durante 15 minutos antes de cocinar. Si fuera necesario, coloque las costillitas sobre una tabla de picar y, usando un cuchillo filoso, corte para separar las uniones entre ellas. Colóquelas en un plato poco profundo en una sola capa.

2 En un cazo pequeño coloque la miel, salsa inglesa, polvo chino de cinco especias, salsa de soya, jerez y salsa de chile. Caliente mezclando hasta suavizar. Incorpore el ajo picado, puré de tomate y mostaza en polvo, si la usa.

3 Vierta la mezcla de miel sobre las costillitas y cubra uniformemente. Forre con plástico adherente y marine en el refrigerador durante toda la noche, bañando las costillitas con la marinada de vez en cuando.

4 Cuando sea hora de cocinarlas, retírelas de la marinada y colóquelas en un refractario para asar. Bañe con cucharadas de la marinada y reserve el resto. Coloque las costillitas en el horno precalentado y cocine de 35 a 40 minutos, o hasta que estén cocidas y crujientes. Barnice ocasionalmente con la marinada reservada. Adorne con rizos de cebollitas de cambray y sirva de inmediato, ya sea como entrada o como guarnición de carne.

INGREDIENTES
Rinde 4 porciones

1.6 kg/3 1⁄2 lb de costillitas de puerco

4 cucharadas de miel de abeja clara

1 cucharada de salsa inglesa

1 cucharadita de polvo chino de cinco especias

4 cucharadas de salsa de soya

2½ cucharadas de jerez seco

1 cucharadita de salsa de chile

2 dientes de ajo, sin piel y picados

1½ cucharadas de puré de tomate

1 cucharadita de mostaza seca en polvo (opcional)

rizos de cebollitas de cambray, para adornar

Consejo Sabroso

El marinar las costillitas durante la noche no solo le da sabor a la carne, sino que la suaviza mucho. Si no tiene el tiempo suficiente, coloque las costillitas en un cazo y vierta suficiente agua para cubrirlas. Agregue 1 cucharada de vinagre de vino, hierva, reduzca la temperatura y deje hervir a fuego lento durante 15 minutos. Escurra, coloque en la marinada y ase de inmediato, bañando de vez en cuando como lo indica la receta.

Carne de Res Szechuan

1 Limpie el filete, desechando los nervios y grasa, y corte en tiras de 5 mm/¼ in. Coloque en un plato grande y poco profundo. En un tazón, mezcle la salsa hoisin, salsa de frijol amarillo, jerez y brandy. Revuelva hasta incorporar por completo. Vierta sobre la carne y mueva hasta cubrir uniformemente. Forre con plástico adherente y marine por lo menos 30 minutos

2 Caliente un wok o sartén grande para freír, agregue el aceite y, cuando esté caliente, agregue los chiles, cebollitas de cambray, ajo y jengibre; saltee 2 minutos o hasta suavizar. Usando una cuchara perforada, pase a un plato y mantenga caliente.

3 Agregue la zanahoria y pimientos al wok y saltee 4 minutos o hasta suavizar ligeramente. Pase a un plato y mantenga caliente.

4 Escurra el filete, reservando la marinada. Coloque en el wok y saltee de 3 a 5 minutos o hasta dorar. Vuelva a poner en el wok la mezcla de chiles, la de zanahoria y pimientos y la marinada. Agregue las castañas de agua y saltee 2 minutos o hasta calentar por completo. Adorne con ramas de cilantro y sirva de inmediato con el fideo.

Dato Culinario

Las castañas de agua crecen en una planta tipo junquillo. Al pelarlas quedan blancas, dulces y crujientes. Debido a su textura, más que a su sabor, son muy populares en los salteados.

INGREDIENTES
Rinde 4 porciones

450 g/1 lb de filete de res

3 cucharadas de salsa hoisin

2 cucharadas de salsa de frijol amarillo

2 cucharadas de jerez seco

1 cucharada de brandy

2 cucharadas de aceite de maní

2 chiles rojos, sin semillas y en rebanadas

8 manojos de cebollitas de cambray, limpias y picadas

2 dientes de ajo, sin piel y picados

2.5 cm/1 in de jengibre fresco, pelado y cortado en juliana

1 zanahoria pelada, rebanada a lo largo y cortada en juliana

2 pimientos verdes, sin semillas y cortados en trozos de 2.5 cm/1 in

1 lata de 227 g de castañas de agua, drenadas y cortadas en mitades

ramas de cilantro fresco para adornar

fideo recién cocido con granos de pimienta Szechuan recién molidos, como guarnición

Dobladitas de Col con Carne de Puerco

1 Precaliente el horno a 180°C/350°F/Marca de Gas 4, durante 10 minutos antes de cocinar. Para hacer la salsa, caliente el aceite en un cazo grueso, agregue las cebollitas de cambray y cocine 2 minutos o hasta suavizar.

2 Coloque en un cazo los jitomates, salsa de soya y menta; hierva, tape, reduzca la temperatura y cocine a fuego lento 10 minutos. Sazone al gusto con pimienta. Recaliente si fuera necesario.

3 Mientras tanto, blanquee las hojas de col en un cazo grande con agua ligeramente salada durante 3 minutos. Escurra y refresque bajo el chorro de agua fría. Seque con toallas de papel y reserve.

4 Caliente el aceite en un cazo pequeño. Agregue el apio, zanahoria y carne molida de puerco; cocine 3 minutos. Integre el polvo chino de cinco especias, arroz, jugo de limón y salsa de soya. Caliente.

5 Coloque un poco del relleno en el centro de cada hoja de col y doble para cubrir el relleno. Coloque en un refractario poco profundo con la unión hacia abajo. Bañe con el consomé y cocine en el horno precalentado 30 minutos. Sirva de inmediato con la salsa recalentada de jitomate.

Consejo

Use hojas grandes, del mismo tamaño, como las de la col, que son flexibles al blanquearlas. Si fuera necesario, retire la orilla gruesa del tallo antes de blanquearlas.

INGREDIENTES
Rinde 4 porciones

8 hojas grandes de col verde

1 cucharada de aceite vegetal

2 tallos de apio, limpio y picado

1 zanahoria, pelada y cortada en juliana

125 g/4 oz de carne de puerco recién molida

50 g/2 oz de champiñones, lavados y rebanados

1 cucharadita de polvo chino de cinco especias

50 g/2 oz de arroz de grano largo, cocido

jugo de 1 limón

1 cucharada de salsa de soya

150 ml/¼ pt de consomé de pollo

PARA LA SALSA DE JITOMATE:

1 cucharada de aceite vegetal

1 manojo de cebollitas de cambray, limpias y picadas

1 lata de 400 g de jitomates picados

1 cucharada de salsa de soya clara

1 cucharada de menta fresca picada

pimienta negra recién molida

Pollito Glaseado Estilo Chino con Arroz Bicolor

1 Precaliente el horno a 200°C/400°F durante 15 minutos antes de cocinar. Lave los pollitos por dentro y por fuera. Seque con toallas de papel. Usando unas tijeras, retire todas las plumas. Sazone con sal y pimienta. Reserve.

2 Vierta el jugo de manzana en un cazo pequeño y agregue la varita de canela, anís estrella y polvo chino de cinco especias. Hierva a fuego lento hasta que se reduzca a la mitad. Reduzca el calor, agregue el azúcar, salsa de tomate, vinagre y cáscara de naranja. Hierva a fuego lento hasta que se disuelva el azúcar y el glaseado se caramelice. Retire del fuego y deje enfriar completamente. Retire las especias enteras.

3 Coloque los pollitos sobre una rejilla de alambre colocada encima de un refractario cubierto con papel aluminio. Barnice generosamente con el glaseado de manzana. Ase en el horno caliente de 40 a 45 minutos o hasta que, al picar el muslo con un trinche, el jugo salga claro, bañando una o dos veces con el glaseado. Retire los pollitos del horno y deje enfriar ligeramente.

4 Mientras tanto, cocine el arroz siguiendo las instrucciones del paquete. En una olla grande hierva agua ligeramente salada y agregue el chícharo chino. Blanquee 1 minuto y escurra. Tan pronto se cueza el arroz, escurra y pase a un tazón caliente. Agregue los chícharos chinos y las cebollitas de cambray, sazone al gusto y mezcle. Acomode sobre platos calientes, coloque un pollito en cada uno y sirva de inmediato.

INGREDIENTES
Rinde 4 porciones

4 pollitos (poussins) listos para hornear

sal y pimienta negra recién molida

300 ml/½ pt de jugo de manzana

1 varita de canela

2 anís estrella

½ cucharadita de polvo chino de cinco especias

50 g/2 oz de azúcar moscabado oscuro

2 cucharadas de salsa catsup

1 cucharada de vinagre de sidra

cáscara rallada de 1 naranja

350 g/12 oz de arroz basamanti mixto y arroz salvaje

125 g/4 oz de chícharo chino, finamente rebanadas a lo largo

1 manojo de cebollitas de cambray, limpias y finamente cortadas a lo largo

sal y pimienta negra recién molida

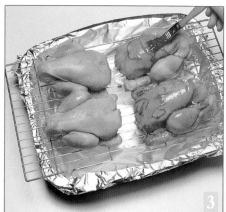

Pollo Asado con Berenjenas

1 Caliente un wok o sartén grande para freír, agregue el aceite y, cuando esté caliente, agregue los muslos de pollo. Cocine sobre temperatura media-alta 5 minutos, o hasta dorar totalmente. Pase a un plato grande y mantenga caliente.

2 Coloque la berenjena en el wok y cocine sobre temperatura alta 5 minutos o hasta dorar, moviendo de vez en cuando. Agregue el ajo y el jengibre y saltee 1 minuto.

3 Vuelva a poner el pollo en el wok, incorpore el consomé y agregue la salsa de soya y frijol negro. Hierva, reduzca la temperatura y cocine a fuego lento 20 minutos o hasta que el pollo esté suave. Agregue las cebollitas de cambray después de 10 minutos.

4 Disuelva la fécula de maíz en 2 cucharadas de agua. Integre al wok y hierva a fuego lento hasta que espese la salsa. Incorpore el aceite de ajonjolí, caliente 30 segundos y retire del calor. Adorne con borlas de cebollitas de cambray y sirva de inmediato con fideo o arroz.

Consejo Sabroso

Para hacer su propio consomé de pollo estilo chino, pique toscamente 1 cebolla, 2 tallos de apio y 2 zanahorias. Coloque en un cazo grande con unos cuantos hongos shiitake y rebanadas de jengibre fresco. Integre 1.4 l/2½ pts de agua fría, hierva a fuego lento cubriendo parcialmente, 30 minutos. Deje enfriar, cuele con una coladera de malla fina y deseche los vegetales. Refrigere.

INGREDIENTES
Rinde 4 porciones

3 cucharadas de aceite vegetal

12 muslos de pollo

2 berenjenas grandes, limpias
  y partidas en cubos

4 dientes de ajo, sin piel
  y machacados

2 cucharaditas de jengibre
  fresco, rallado

900 ml / 1½ pts de consomé vegetal

2 cucharadas de salsa de soya clara

2 cucharadas de frijol negro
  en conserva

6 cebollitas de cambray, limpias
  y en rebanadas
  diagonales delgadas

1 cucharada de fécula de maíz

1 cucharada de aceite de ajonjolí

borlas de cebollitas de cambray,
  para adornar

fideo o arroz recién cocido,
  como guarnición

Pollo Salteado al Limón

1 Usando un cuchillo filoso, limpie el pollo, desechando la grasa y cortando en tiras delgadas de aproximadamente 5 cm/2 in de largo y 1 cm/½ in de grueso. Coloque en un plato poco profundo. Bata ligeramente la clara de huevo con 1 cucharada de fécula de maíz hasta disolver. Vierta sobre las tiras de pollo y mezcle para cubrir uniformemente. Deje marinar en el refrigerador por lo menos 20 minutos.

2 Cuando esté listo para cocinarlo, escurra el pollo y reserve. Caliente un wok o sartén grande para freír, agregue el aceite y, cuando esté caliente, agregue el pollo y saltee de 1 a 2 minutos, o hasta que el pollo se torne blanco. Usando una cuchara perforada, retire del wok y reserve.

3 Limpie el wok y vuelva a calentar. Agregue el consomé de pollo, jugo de limón, salsa de soya, vino de arroz chino o jerez, azúcar, ajo y hojuelas de chile; hierva. Mezcle la fécula de maíz restante con 1 cucharada de agua e integre el consomé. Cocine a fuego lento 1 minuto.

4 Vuelva a poner el pollo en el wok y continúe hirviendo a fuego lento de 2 a 3 minutos, o hasta que el pollo esté suave y la salsa haya espesado. Adorne con tiras de limón y rebanadas de chile rojo. Sirva de inmediato.

INGREDIENTES
Rinde 4 porciones

350 g/12 oz de pechuga de pollo sin hueso ni piel
1 clara de huevo grande
5 cucharaditas de fécula de maíz
3 cucharadas de aceite vegetal o de maní
150 ml/¼ pt de consomé de pollo
2 cucharadas de jugo de limón fresco
2 cucharadas de salsa de soya clara
1 cucharada de vino de arroz chino o jerez seco
1 cucharada de azúcar
2 dientes de ajo, sin piel y finamente picados
¼ cucharadita de hojuelas de chile seco, o al gusto

PARA ADORNAR:
tiras de cáscara de limón
rebanadas de chile rojo

Dato Culinario

Las hojuelas de chile son chiles rojos secos y machacados que se usan mucho en algunas zonas de China, donde se pueden ver tiras largas de chiles rojos secándose al sol.

Codornices Chinas Tipo Barbecue con Berenjenas

1 Precaliente el horno a 240°C/475°F. Frote las codornices por dentro y por fuera con 1 cucharada de la sal. Mezcle la salsa hoisin, vino de arroz chino o jerez y salsa de soya clara. Frote las codornices tanto en el interior como en el exterior con la salsa. Pase a un refractario de metal pequeño para asar y ase en el horno precalentado 5 minutos. Reduzca la temperatura a 180°C/350°F y continúe asando 20 minutos. Apague el horno y deje las codornices 5 minutos, retire y deje reposar 10 minutos.

2 Coloque la berenjena en un colador y espolvoree con la sal restante. Deje escurrir 20 minutos, enjuague bajo el chorro de agua y seque con toallas de papel.

3 Caliente un wok o sartén grande para freír sobre calor moderado. Agregue el aceite y, cuando esté caliente, añada las berenjenas, ajo, jengibre y 4 de las cebollitas de cambray. Cocine 1 minuto. Agregue la salsa de soya oscura, hojuelas de chile, salsa de frijol amarillo, azúcar y 450 ml/¾ pt de agua. Hierva, reduzca la temperatura y cocine a fuego lento, sin tapar, de 10 a 15 minutos.

4 Eleve a temperatura alta y continúe cociendo, moviendo de vez en cuando, hasta reducir y espesar ligeramente la salsa. Ponga cucharadas de la mezcla de berenjena sobre platos individuales calientes y cubra con una codorniz. Adorne con la cebollita de cambray restante, chile fresco y una rama de cilantro. Sirva de inmediato.

INGREDIENTES
Rinde 6 porciones

4 codornices

2 cucharadas de sal

3 cucharadas de salsa hoisin

1 cucharada de vino de arroz chino o jerez seco

1 cucharada de salsa de soya clara

700 g/1½ lb de berenjenas, limpias y partidas en cubos

1 cucharada de aceite

4 dientes de ajo, sin piel y finamente picados

1 cucharada de jengibre fresco, sin piel y recién picado

6 cebollitas de cambray, limpias y finamente picadas

3 cucharadas de salsa de soya oscura

¼ cucharadita de hojuelas de chile seco

1 cucharada de salsa de frijol amarillo

1 cucharada de azúcar

PARA ADORNAR:
ramas de cilantro fresco
chile rojo rebanado

Pollo Asado Estilo Chino con Tres Salsas

1 Retire la grasa del interior del pollo, frote por dentro y por fuera con ½ cucharadita de sal y deje reposar 20 minutos. En una olla, coloque 3.4 l/4 pts de agua con 2 cebollitas de cambray y el jengibre. Hierva. Agregue el pollo poniendo la pechuga hacia abajo. Vuelva a hervir, tape y cocine a fuego lento 20 minutos. Retire del calor y deje reposar 1 hora. Retire el pollo y deje enfriar.

2 En una sartén antiadherente, fría los granos de pimienta Szechuan en seco, hasta que aromaticen y se doren ligeramente. Machaque, mezcle con la sal de mar y reserve.

3 Exprima el jugo de la mitad del jengibre, mezcle con la salsa de soya oscura, 1 cucharada del aceite de girasol y la mitad del azúcar. Reserve.

4 Pique finamente las cebollitas de cambray restantes y mezcle en un tazón con el ajo y jengibre restante. Caliente el aceite restante a humear y fría el ajo y el jengibre. Cuando deje de sisear, integre la salsa de soya clara, vino de arroz chino o jerez y aceite de ajonjolí. Reserve.

5 Integre el vinagre de arroz, azúcar restante y chile. Mezcle hasta disolver el azúcar. Reserve.

6 Retire la piel del pollo, corte las patas y despréndalas del muslo. Separe la carne de la pechuga del hueso en 2 trozos y rebane a lo ancho en rebanadas gruesas. Espolvoree la mezcla de sal y pimienta sobre el pollo. Adorne con rizos de cebollitas de cambray y sirva con las salsas para remojar y la mezcla de cebollitas de cambray con arroz.

INGREDIENTES
Rinde 4 porciones

1.4 kg/3 lb de pollo listo
  para hornear
sal
6 cebollitas de cambray, limpias
5 cm/2 in de jengibre fresco, sin
  piel y rebanado
2 cucharaditas de granos de
  pimienta Szechuan, machacados
2½ cucharaditas de granos de sal
  de mar o sal de mar gruesa
2 cucharaditas de jengibre fresco,
  recién rallado
4 cucharadas de salsa de soya oscura
4 cucharadas de aceite de girasol
1 cucharadita de azúcar
2 dientes de ajo, picados
3 cucharadas de salsa de soya clara
1 cucharada de vino de arroz
  chino o jerez seco
1 cucharadita de aceite de ajonjolí
3 cucharadas de vinagre de arroz
1 chile rojo pequeño, rebanado
rizos de cebollitas de cambray
arroz al azafrán recién cocido al
  vapor, como guarnición

Pato Sellado con Ciruelas en Conserva

1 Haga unas marcas con el cuchillo sobre cada pechuga de pato y colóquelas en un plato poco profundo. Mezcle el ajo, salsa de chile, miel, azúcar morena, jugo de limón y salsa de soya. Unte sobre el pato y deje marinar en el refrigerador 4 horas o durante la noche, si tiene tiempo. Mueva de vez en cuando.

2 Coloque las ciruelas en un cazo con el azúcar, vinagre de vino blanco, hojuelas de chile y canela. Hierva a fuego lento 5 minutos, o hasta que las ciruelas estén suaves, deje enfriar.

3 Retire el pato de la marinada y seque con toallas de papel. Reserve la marinada. Caliente un wok o sartén grande para freír,

agregue el aceite y, cuando esté caliente, dore el pato por ambos lados. Incorpore la salsa de ostión y la marinada reservada. Hierva a fuego lento 5 minutos. Retire el pato y mantenga caliente.

4 Retire las ciruelas del líquido y reserve. Integre el líquido con la salsa del pato, hierva, reduzca la temperatura y cocine a fuego lento, sin tapar, 5 minutos o hasta reducir y espesar. Acomode el pato en platos calientes. Divida las ciruelas entre los platos y bañe con la salsa. Adorne con perejil y sirva de inmediato con fideo.

Consejo

Para marinar use un plato de vidrio o majolica. Los de plástico absorberán el olor y color de las marinadas; los de metal pueden tener reacción a los ingredientes ácidos.

INGREDIENTES
Rinde 4 porciones

4 pechugas de pato pequeñas, deshuesadas y sin piel

2 dientes de ajo, sin piel y machacados

1 cucharadita de salsa de chile picante

2 cucharaditas de miel de abeja

2 cucharaditas de azúcar morena

jugo de 1 limón sin semilla

1 cucharada de salsa de soya

6 ciruelas grandes, partidas a la mitad y sin hueso

50 g/2 oz de azúcar molida

50 ml/2 fl oz de vinagre de vino blanco

¼ cucharadita de hojuelas de chile seco

¼ cucharadita de comino molido

1 cucharada de aceite de girasol

150 ml/¼ pt de consomé de pollo

2 cucharadas de salsa de ostión

ramas de perejil liso

fideo recién cocido, como guarnición

Arroz Frito con Huevo Estilo Chino

1 En un cazo, hierva agua ligeramente salada, agregue el arroz y cocine 15 minutos, o de acuerdo a las instrucciones del paquete. Escurra y deje enfriar.

2 Caliente un wok o sartén grande para freír y agregue el aceite de ajonjolí. En un tazón pequeño bata los huevos y vacíelos en el wok caliente. Usando un tenedor, baje el huevo de los lados hacia el centro hasta que se cueza, voltee y cocine del otro lado. Cuando esté cocido y dorado, ponga en una tabla de picar. Deje reposar y corte en tiras muy delgadas.

3 Limpie el wok con toallas de papel, vuelva a poner al calor y agregue el aceite de girasol. Cuando esté caliente, agregue el ajo y jengibre; saltee 30 segundos. Agregue los vegetales restantes y continúe friendo 3 ó 4 minutos, o hasta que esté suave pero aún crujiente.

4 Incorpore el arroz cocido que reservó, la salsa de soya y la paprika. Sazone al gusto con sal y pimienta. Incorpore las tiras de huevo cocido. Caliente. Pase a un platón caliente y sirva de inmediato.

INGREDIENTES
Rinde 4 porciones

250 g/9 oz de arroz de grano largo

1 cucharada de aceite de ajonjolí oscuro

2 huevos grandes

1 cucharada de aceite de girasol

2 dientes de ajo, sin piel y machacados

2.5 cm/1 in de jengibre fresco, sin piel y rallado

1 zanahoria, sin piel y cortada en juliana

125 g/4 oz de chícharo chino, en mitades

1 lata de 220 g de castañas de agua, drenadas y en mitades

1 pimiento amarillo, sin semillas y cortado en dados

4 cebollitas de cambray, limpias y finamente picadas

2 cucharadas de salsa de soya clara

½ cucharadita de paprika

sal y pimienta negra recién molida

Consejo

El arroz frito originalmente fue inventado para aprovechar y condimentar los restos de arroz. El más fino se hace con arroz recién cocido frío pero que no se ha refrigerado, por lo que no está demasiado húmedo ni seco. En esta receta el arroz se condimenta con ajo y jengibre. No almacene arroz cocido por más de 24 horas.

Salteado de Verduras Mixtas

1 Caliente un wok, agregue el aceite y, cuando esté caliente, integre las rebanadas de ajo y jengibre. Saltee 1 minuto.

2 Agregue las flores de brócoli. Saltee 1 minuto, añada el chícharo chino, zanahorias y pimientos rojo y verde. Fría por 3 ó 4 minutos más, o hasta suavizar pero que estén aún crujientes.

3 En un tazón pequeño, vacíe la salsa de soya, salsa hoisin y azúcar. Mezcle, sazone al gusto con sal y pimienta y ponga en el wok. Pase los vegetales a un platón caliente. Adorne con cebollitas de cambray picadas y sirva de inmediato con algún otro platillo tai.

Dato Culinario

La salsa hoisin es una salsa espesa, de color café rojizo oscuro; hecha al mezclar frijoles de soya con azúcar, vinagre y especias. Tiene un sabor dulce y a menudo se usa en la cocina del sur de China. También se puede servir como salsa para el Pato Pekin en vez de la salsa tradicional de frijol dulce.

Consejo

Varíe la combinación de vegetales, haga la prueba con puntas de espárragos cortadas en piezas pequeñas, hongos rebanados, ejotes, rebanadas de cebolla morada o ramitos de coliflor.

INGREDIENTES
Rinde 4 porciones

2 cucharadas de aceite de maní

4 dientes de ajo, sin piel y finamente rebanados

2.5 cm / 1 in de jengibre fresco, sin piel y finamente rebanado

75 g / 3 oz de flores de brócoli

50 g / 2 oz de chícharo chino, limpio

75 g / 3 oz de zanahorias, peladas y cortadas en juliana

1 pimiento verde, sin semillas y cortado en tiras

1 pimiento rojo, sin semillas y cortado en tiras

1 cucharada de salsa de soya

1 cucharada de salsa hoisin

1 cucharadita de azúcar

sal y pimienta negra recién molida

4 cebollitas de cambray, limpias y picadas para adornar

Wontons Sabrosos

1 Corte la pasta filo o crepas wonton en cuadros de 12.5 cm/5 in, apile y cubra con plástico adherente. Refrigere mientras prepara el relleno. Blanquee el cebollín en agua hirviendo durante 1 minuto, escurra y reserve.

2 Derrita la mantequilla en un cazo, agregue las espinacas y sal. Cocine de 2 a 3 minutos o hasta marchitar. Agregue los hongos y ajo. Cocine de 2 a 3 minutos o hasta suavizar.

3 Pase a un tazón la mezcla de espinacas y hongos. Incorpore la salsa de soya y jengibre. Sazone al gusto con sal y pimienta.

4 Coloque una cucharadita de la mezcla de espinacas y hongos en un cuadro de pasta o wonton; barnice las orillas con huevo batido. Junte las 4 esquinas para hacer una bolsita y amarre con una hojita de cebollín. Haga los demás wontons.

5 Caliente un wok, agregue el aceite y caliente a 180°C/350°F. Fría los wontons en tandas de 2 a 3 minutos, o hasta que estén dorados y crujientes. Escurra sobre toallas de papel y sirva de inmediato, adornando con rizos de cebollitas de cambray y rosas de rábanos.

Consejo

Es importante cubrir con plástico adherente los cuadros de pasta filo u hojas de wonton que no esté usando, para evitar que se sequen.

INGREDIENTES
Rinde 15 porciones

125 g/4 oz de pasta filo
  o crepas wonton
15 hojas de cebollín entero
225 g/8 oz de espinaca
25 g/1 oz de mantequilla
1/2 cucharadita de sal
225 g/8 oz de hongos, lavados
  y picados toscamente
1 diente de ajo, sin piel
  y machacado
1 ó 2 cucharadas de salsa
  de soya oscura
2.5 cm/1 in de jengibre fresco,
  sin piel y rallado
sal y pimienta negra recién molida
1 huevo pequeño, batido
300 ml/½ pt de aceite de maní
  para fritura profunda

PARA ADORNAR:
ramas de cebollitas de cambray
rosas de rábanos

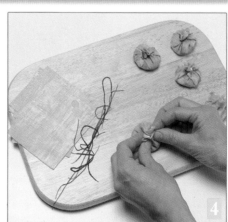

Hojas Chinas con Salsa Agridulce

1 Deseche las hojas y tallos duros del exterior de la cabeza de hojas chinas y pak choi. Lave el resto. Escurra y seque con toallas de papel. Pique a lo largo. Reserve.

2 En un tazón pequeño, mezcle la fécula de maíz con 4 cucharadas de agua. Agregue la salsa de soya, azúcar, vinagre, jugo de naranja y puré de tomate. Mezcle hasta integrar por completo.

3 Vierta la salsa en un cazo pequeño y hierva. Reduzca la temperatura y cocine a fuego lento de 2 a 3 minutos o hasta que la salsa espese y se integre.

4 Mientras tanto, caliente un wok o sartén grande para freír y agregue el aceite de girasol y mantequilla. Cuando ésta se derrita, agregue las hojas chinas preparadas y pak choi, espolvoree con sal y saltee 2 minutos. Reduzca el calor y cocine suavemente por 1 ó 2 minutos más, o hasta suavizar.

5 Pase las hojas chinas y pak choi a un platón y rocíe son la salsa caliente. Adorne con las semillas de ajonjolí y sirva de inmediato.

INGREDIENTES
Rinde 4 porciones

1 cabeza de hojas chinas
1 paquete de 200 g de pak choi
1 cucharada de fécula de maíz
1 cucharada de salsa de soya
2 cucharadas de azúcar morena
3 cucharadas de vinagre de
  vino tinto
3 cucharadas de jugo de naranja
2 cucharadas de puré de tomate
3 cucharadas de aceite de girasol
15 g/½ oz de mantequilla
1 cucharadita de sal
2 cucharadas de semillas
  de ajonjolí tostadas

Dato Culinario

Las hojas chinas tienen un sabor suave y delicado ligeramente parecido a la col. Son hojas de color claro, apretadas y crujientes. Sus tallos son blancos y crocantes. Actualmente se cultivan e importan de España, Holanda e Israel, por lo que se pueden encontrar durante todo el año. Se conservan frescas por lo menos una semana en el cajón de verduras del refrigerador.

Arroz Frito con Bambú y Jengibre

1 Caliente un wok, agregue el aceite y, cuando esté caliente, añada la cebolla. Cocine suavemente de 3 a 4 minutos. Añada el arroz de grano largo y cocine de 3 a 4 minutos o hasta dorar, moviendo constantemente.

2 Agregue el ajo, jengibre y cebollitas de cambray picadas y mezcle. Vierta el consomé de pollo en un cazo pequeño y hierva. Incorpore cuidadosamente el consomé caliente al wok, mezcle y hierva a fuego lento 10 minutos o hasta que se absorba la mayoría del líquido.

3 Incorpore los champiñones, chícharos y salsa de soya y continúe cocinando 5 minutos más, o hasta que el arroz esté suave. Si fuera necesario, agregue un poco más de consomé.

4 Añada los tallos de bambú y mezcle con cuidado. Sazone al gusto con sal, pimienta y pimienta de cayena. Cocine de 2 a 3 minutos o hasta que esté caliente. Coloque en un platón caliente, adorne con hojas de cilantro y sirva de inmediato.

INGREDIENTES
Rinde 4 porciones

4 cucharadas de aceite de girasol

1 cebolla, pelada y finamente picada

225 g/8 oz de arroz de grano largo

3 dientes de ajo, sin piel y cortados en lajas

2.5 cm/1 in de jengibre fresco, sin piel y rallado

3 cebollitas de cambray, limpias y picadas

450 ml/¾ pt de consomé vegetal

125 g/4 oz de champiñones, lavados y en mitades

75 g/3 oz de chícharos congelados precocidos, descongelados

2 cucharadas de salsa de soya clara

1 lata de 500 g de tallos de bambú, drenados y en rebanadas delgadas

sal y pimienta negra recién molida

pimienta de cayena, al gusto

hojas de cilantro fresco, para adornar

Dato Culinario

Los champiñones planos y los que tienen capucha en realidad son el mismo tipo de hongo pero en diferente estado de madurez. Los champiñones con capucha son los más jóvenes y por lo tanto su sabor es más suave. En esta receta también puede usar hongos chestnut de capucha café, que son parecidos pero tienen un sabor a nuez más acentuado.

Omelette Chino

1 Lave ligeramente el germinado de frijol y coloque en la parte superior de una olla para cocinar al vapor de bambú junto con las zanahorias. Agregue el jengibre rallado y la salsa de soya. Coloque la olla sobre una sartén o wok llenado hasta la mitad con agua hirviendo, hierva a fuego lento. Cocine al vapor 10 minutos o hasta que los vegetales estén suaves pero aún crujientes. Reserve y mantenga calientes.

2 En un tazón bata los huevos hasta que se esponjen y sazone al gusto con sal y pimienta. Caliente una sartén para omelette o sartén par freír de 20.5 cm/8 in, agregue el aceite de ajonjolí y, cuando esté muy caliente, vierta los huevos batidos. Con un tenedor, extienda los huevos hacia las orillas y deje cocer. Cuando la superficie empiece a burbujear, levante las orillas para permitir que el huevo crudo pase hacia abajo.

3 Coloque la mezcla de germinado y zanahorias sobre la omelette y deje cocinar un poco más. Cuando esté listo, resbale la omelette a un platón caliente y enrolle. Sirva de inmediato con ensalada verde mixta, arroz frito especial y salsa de soya extra.

INGREDIENTES
Rinde 1 porción

50 g/2 oz de germinado de frijol
50 g/2 oz de zanahorias, peladas y cortadas en juliana
1 cm/½ in de jengibre fresco, sin piel y rallado
1 cucharadita de salsa de soya
2 huevos grandes
sal y pimienta negra recién molida
1 cucharada de aceite de ajonjolí oscuro

PARA SERVIR:
ensalada verde mixta
Arroz Frito Especial
salsa de soya

Consejo Sabroso

Varíe los ingredientes del relleno para esta omelette usando cualquier vegetal que tenga en su refrigerador. Haga la prueba con cebollitas de cambray, tiras delgadas de pimientos rojos o verdes, chícharo chino cortadas a lo largo o ejotes. Corte en trozos del mismo tamaño para que se suavicen al mismo tiempo.

Rollos de Crepa Crujiente

1 Cierna 225 g/8 oz de harina con la sal sobre un tazón grande, haga un pozo en el centro y coloque el huevo. Bata para formar una pasta suave y ligera, agregando gradualmente 300 ml/½ pt de agua, llevando la harina de los lados del tazón hacia el centro. Aparte mezcle la harina restante con 1 ó 2 cucharadas de agua y haga una pasta gruesa. Reserve.

2 Caliente un poco de aceite de girasol en una sartén para omelette o una sartén para freír de 20.5 cm/8 in y vierta 2 cucharadas de la mezcla. Cocine 1 ó 2 minutos, voltee y cocine 1 ó 2 minutos más, o hasta que esté firme. Retire de la sartén y mantenga caliente. Haga las demás crepas con la mezcla restante.

3 Caliente un wok o sartén grande para freír, agregue el aceite de oliva y, cuando esté caliente, agregue el jengibre, ajo y tofu. Saltee 30 segundos, integre la salsa de soya y jerez. Agregue los champiñones, cilantro y cebollitas de cambray. Fría 1 ó 2 minutos, retire del wok y deje enfriar.

4 Coloque un poco del relleno en el centro de cada crepa. Barnice las orillas con la pasta de harina, doble las orillas y enrolle. Caliente el aceite de maní en el wok a 180°C/350°F. Fría los rollos de crepa de 2 a 3 minutos o hasta dorar. Sirva de inmediato, adornando con cebollitas de cambray picadas y una rama de cilantro.

Consejo

Las crepas pueden hacerse hasta con 24 horas de anticipación. Colóquelas sobre un plato en una sola capa, tape con plástico adherente y refrigere. Déjelas reposar a temperatura ambiente 30 minutos antes de freír.

INGREDIENTES
Rinde 8 porciones

250 g/9 oz de harina de trigo

1 pizca de sal

1 huevo mediano

4 cucharaditas de aceite de girasol

2 cucharadas de aceite de oliva claro

2 cm/¾ in de jengibre fresco, sin piel y rallado

1 diente de ajo, sin piel y machacado

225 g/8 oz de tofu, drenado y cortado en dados pequeños

2 cucharadas de salsa de soya

1 cucharada de jerez seco

175 g/6 oz de champiñones, lavados y picados

1 tallo de apio, limpio y finamente picado

2 cebollitas de cambray, limpias y finamente picadas

2 cucharadas de aceite de maní

1 rama de cilantro fresco y cebollitas de cambray rebanadas, para adornar

Bolsitas de Puerco Dim Sum

1 En un tazón, coloque las castañas de agua, camarones, carne molida de puerco y tocino; mezcle. Agregue las salsas de soya, vino de arroz chino, jengibre, cebollitas de cambray picadas, aceite de ajonjolí y clara de huevo. Sazone al gusto con sal y pimienta, espolvoree con el azúcar y mezcle hasta integrar.

2 Coloque una cucharada del relleno en el centro de una crepa wonton. Levante los lados y presione alrededor del relleno para darle forma de canasta. Aplane la base de la crepa, para que se detenga. La parte superior debe quedar abierta para que se vea el relleno. Repita la operación con las demás crepas.

3 Coloque las piezas en un refractario sobre una rejilla de alambre dentro de un wok o en la base de una vaporera de bambú forrada con manta de cielo. Ponga el plato dentro de un wok con agua hirviendo hasta la mitad o sobre la base de una vaporera de bambú. Tape y cocine al vapor durante 20 minutos. Repita la operación con las demás bolsitas. Pase a un platón caliente, espolvoree con las semillas de ajonjolí, rocíe con salsa de soya y sirva de inmediato.

Dato Culinario

Estas bolsitas o dumplings cocidas al vapor se conocen en China con el nombre de shao mai que quiere decir "cocine y venda". Se sirven con salsas para remojar, como la salsa de chile dulce o una mezcla de jengibre rallado con un poco de miel de abeja clara, salsa de soya, aceite de ajonjolí y vinagre de arroz o jerez.

INGREDIENTES
Rinde aproximadamente 40 porciones

1 lata de 125 g/4 oz de castañas de agua, drenadas y finamente picadas

125 g/4 oz de camarón crudo, sin piel, desvenado y picado toscamente

350 g/12 oz de carne de puerco recién molida

2 cucharadas de tocino ahumado, finamente picado

1 cucharada de salsa de soya clara, más la necesaria para acompañar

1 cucharadita de salsa de soya oscura

1 cucharada de vino de arroz chino

2 cucharadas de jengibre fresco, sin piel y finamente picado

3 cebollitas de cambray, limpias y finamente picadas

2 cucharaditas de aceite de ajonjolí

1 clara de huevo mediano, ligeramente batida

sal y pimienta negra recién molida

2 cucharaditas de azúcar

40 crepas wonton, descongeladas

semillas de ajonjolí tostadas, para adornar

salsa de soya, para servir

Aromático Pato Crujiente

1 Mezcle el polvo chino de cinco especias, los granos de pimienta Szechuan y granos de pimienta negra, semillas de comino y sal. Frote el pato por dentro y por fuera con la mezcla de especias. Envuelva con plástico adherente y meta al refrigerador durante 24 horas. Retire las especies sueltas. Coloque el jengibre y cebollitas de cambray en la cavidad del pato y póngalo en un refractario.

2 Coloque una rejilla de alambre dentro de un wok con agua hirviendo hasta 5 cm/2 in. Coloque el refractario con el pato sobre la rejilla y tape. Cocine al vapor suavemente durante 2 horas o hasta que esté totalmente cocido, retirando el exceso de grasa de vez en cuando y agregando más agua si fuera necesario. Retire el pato, deseche todo el líquido, el jengibre y las cebollitas de cambray. Deje reposar a temperatura ambiente 2 horas o hasta que esté seco y frío.

3 Corte el pato en cuartos y espolvoree ligeramente con fécula de maíz. Caliente el aceite en un wok o freidora para fritura profunda a 190°C/375°F, fría los cuartos de pato de 2 en 2. Cocine la pechuga de 8 a 10 minutos y los muslos y piernas de 12 a 14 minutos, o hasta que estén calientes. Escurra sobre toallas de papel, desmenuce con un tenedor. Sirva de inmediato con crepas chinas calientes, hilos de cebollitas de cambray, rebanadas de pepino y salsa hoisin.

Consejo Sabroso

Para obtener de 4 a 6 porciones necesitará 20 crepas. Barnice o rocíe cada una con un poco de agua y unas gotas de aceite de ajonjolí. Apílelas en un plato, colóquelas en una vaporera y caliéntelas 10 minutos.

INGREDIENTES
Rinde 4–6 porciones

2 cucharadas de polvo chino de cinco especias

75 g/3 oz de granos de pimienta Szechuan, ligeramente machacados

25 g/1 oz de granos de pimienta enteros, ligeramente machacados

3 cucharadas de semillas de comino, ligeramente machacadas

200 g/7 oz de sal de roca

2.7 kg/6 lb de pato listo para hornear

7.5 cm/3 in de jengibre fresco, sin piel y partido en 6 piezas

6 cebollitas de cambray, limpias y partidas de 7.5 cm/3 in de largo

fécula de maíz para espolvorear

1.1 l/2 pts de aceite de maní

PARA ACOMPAÑAR:

crepas chinas calientes

cebollitas de cambray, cortadas en juliana

pepino, cortado en rebanadas a lo largo

salsa hoisin

Pollo en Ajonjolí Estilo Szechuan

1 Bata la clara de huevo con una pizca de sal y la fécula de maíz. Coloque en un plato poco profundo y agregue las tiras de pollo. Voltee para cubrir, forre con plástico adherente y refrigere 20 minutos.

2 Caliente un wok, agregue el aceite de maní y, cuando esté caliente, agregue las piezas de pollo. Saltee 2 minutos o hasta que el pollo se torne blanco. Usando una cuchara perforada, retire el pollo y escurra sobre toallas de papel. Reserve 1 cucharada del aceite y deseche el resto. Limpie el wok.

3 Recaliente el wok, agregue 1 cucharada del aceite de maní con las semillas de ajonjolí y saltee 30 segundos, o hasta dorar. Incorpore la salsa de soya oscura, vinagre de sidra, salsa de chilli bean, aceite de ajonjolí, azúcar, vino de arroz chino, granos de pimienta Szechuan y cebollitas de cambray. Hierva.

4 Vuelva a poner el pollo en el wok y saltee 2 minutos, asegurándose de que se cubra uniformemente con las salsas y semillas de ajonjolí. Coloque en un platón caliente y sirva de inmediato con una ensalada mixta.

INGREDIENTES
Rinde 4 porciones

1 huevo mediano
1 pizca de sal
2 cucharaditas de fécula de maíz
450 g/1 lb de pechuga de pollo
   sin hueso ni piel, cortada en tiras
   de 7.5 cm/3 in
300 ml/½ pt de aceite de maní
1 cucharada de semillas de ajonjolí
2 cucharaditas de salsa
   de soya oscura
2 cucharaditas de vinagre de sidra
2 cucharaditas de salsa
   de chilli bean
2 cucharaditas de aceite de ajonjolí
2 cucharaditas de azúcar
1 cucharada de vino de arroz chino
1 cucharadita de granos de
   pimienta Szechuan, asados
2 cucharadas de cebollitas de
   cambray, limpias
   y finamente picadas
ensalada mixta para acompañar

Dato Culinario

La pimienta Szechuan, también conocida como pimienta de anís, es en realidad la baya del fresno espinoso, árbol oriundo de China. Tiene un sabor picante y aromático, bastante común en la región de Szechuan. Siempre se debe asar antes de usarse. Si no lo ha hecho, coloque los "granos de pimienta" sobre una charola de hornear y ase en un horno precalentado a 180°C/350°F durante 15 minutos.

Tiras de Carne de Res al Chile

1 Coloque la carne en un tazón con el vino de arroz chino, salsa de soya, aceite de ajonjolí y fécula de maíz. Mezcle. Tape con plástico adherente y marine en el refrigerador 20 minutos, volteando la carne por lo menos una vez.

2 Coloque los chiles, ajo, cebolla y pasta de curry rojo en el procesador de alimentos y mezcle para formar una pasta suave.

3 Escurra la carne, sacudiendo para quitar el exceso de marinada. Caliente un wok y agregue 3 cucharadas del aceite de maní. Cuando casi humee,

añada la carne y saltee 1 minuto. Usando una cuchara perforada retire la carne y reserve.

4 Limpie el wok, recaliente y agregue el aceite restante. Cuando esté caliente agregue la pasta de chile y saltee 30 segundos. Añada los pimientos y apio con la salsa de chile y salsa de soya oscura. Fría 2 minutos. Vuelva a colocar la carne de res en el wok y saltee 2 minutos más o hasta que esté cocida. Coloque en un platón caliente, espolvoree con la albahaca picada y adorne con una ramita de albahaca. Sirva de inmediato acompañando con fideo.

INGREDIENTES
Rinde 4 porciones

450 g / 1 lb de bistec de res, cortado en tiras muy delgadas

1 cucharada de vino de arroz chino

1 cucharada de salsa de soya clara

2 cucharaditas de aceite de ajonjolí

2 cucharaditas de fécula de maíz

8 chiles rojos, sin semillas

8 dientes de ajo, sin piel

225 g / 8 oz de cebolla, rebanada

1 cucharadita de pasta de curry rojo, estilo tai

6 cucharadas de aceite de maní

2 pimientos rojos, sin semillas y en rebanadas

2 tallos de apio, limpios y rebanados

2 cucharadas salsa de pescado Tai

1 cucharada de salsa de soya oscura

hojas de albahaca picadas y una ramita de albahaca fresca, para adornar

fideo recién cocido, como guarnición

Consejo Sabroso

Esta receta contiene una gran cantidad de chile, así como pasta de curry rojo estilo tai, pero si prefiere un platillo menos picante, puede reducir 1 ó 2 chiles. Elija chiles rojos normales en vez de los diminutos tai, que harían este platillo extremadamente irritante.

Arroz Frito Real

1 Coloque el arroz en un colador, enjuague con agua fría y escurra. Coloque en una olla y agregue el doble de agua, moviendo brevemente. Hierva, tape, reduzca la temperatura y cocine a fuego lento 15 minutos sin mover. Si el arroz ya absorbió toda el agua, agregue un poco más. Continúe hirviendo a fuego lento, sin tapar, 5 minutos más o hasta que el arroz esté totalmente cocido y el agua se haya evaporado. Deje enfriar.

2 Coloque los huevos, aceite de ajonjolí y una pizca de sal en un tazón pequeño. Usando un tenedor, mezcle hasta romper el huevo. Reserve.

3 Caliente un wok y agregue 1 cucharada del aceite vegetal. Cuando esté muy caliente, saltee los pimientos, cebolla y granos de elote 2 minutos o hasta que la cebolla se suavice. Retire los vegetales y reserve.

4 Limpie el wok y agregue el aceite restante. Cuando esté muy caliente, agregue el arroz cocido frío y saltee 3 minutos, o hasta calentar por completo. Incorpore la mezcla de huevo y continúe salteando de 2 a 3 minutos o hasta que los huevos estén listos.

5 Agregue los camarones y carne de cangrejo al arroz. Saltee 1 minuto. Sazone al gusto con sal y pimienta y añada el azúcar con la salsa de soya. Bata para mezclar y pase a un platón caliente. Adorne con una flor de rábano y con hojas enteras de cebollín fresco.

Consejo Sabroso

Para obtener un arroz con más sabor sustituya el agua por consomé de pollo o vegetales, ligero y sin sal.

INGREDIENTES
Rinde 4 porciones

450 g / 1 lb de arroz aromático tai
2 huevos grandes
2 cucharaditas de aceite de ajonjolí
sal y pimienta negra recién molida
3 cucharadas de aceite vegetal
1 pimiento rojo, sin semillas y en dados pequeños
1 pimiento amarillo, sin semillas y en dados pequeños
1 pimiento verde, sin semillas y en dados pequeños
2 cebollas moradas, sin piel y en dados
125 g / 4 oz de elotes dulces
125 g / 4 oz de camarones sin piel y pre-cocidos, descongelados
125 g / 4 oz de carne de cangrejo blanco, drenado si fuera de lata
¼ cucharadita de azúcar
2 cucharaditas de salsa de soya

PARA ADORNAR:
rosas de rábano
hojas enteras de cebollín fresco

Publicado en 2003 por Advanced Marketing,
S. de R.L. de C.V. Bajo el sello Degustis

Publicado por primera vez en 2003
© 2003 The Foundry

© 2003 Advanced Marketing, S. de R.L. de C.V.
Aztecas # 33 Col. Sta. Cruz Acatlán
Naucalpan, C.P. 53150
Estado de México
México

ISBN: 970-718-071-4

01 02 03 04 05   03 04 05 06 07

Impreso en China

RECONOCIMIENTOS:
Autores: Catherine Atkinson, Juliet Barker, Gina Steer,
Vicki Smallwood, Carol Tennant, Mari Mererid Williams y
Elizabeth Wolf-Cohen y Simone Wright
Asesora editorial: Gina Steer
Editora del proyecto: Karen Fitzpatrick
Fotografía: Colin Bowling, Paul Forrester y Stephen Brayne
Economistas Domésticas y productoras gastronómicas:
Jacqueline Bellefontaine, Mandy Phipps, Vicki Smallwood y
Penny Stephens
Equipo de diseño: Helen Courtney, Jennifer Bishop,
Lucy Bradbury y Chris Herbert

Todos los accesorios fueron proporcionados por
Barbara Stewart, de Surfaces.
Traducción: Concepción O. De Jourdain, Laura Cordera L.

NOTA
Los bebés, personas de edad avanzada, mujeres embarazadas y
cualquier persona que padezca alguna enfermedad deben
evitar los platillos preparados con huevos crudos.

Un agradecimiento especial a todos los involucrados en la
publicación de este libro, particularmente a Karen Fitzpatrick y
Gina Steer.